Udo W. Kliebisch / Roland Meloefski

Lehrer*Alltag*

Erfolgreich handeln in der Praxis

Band 1

Unterrichts- und Verhaltensstörungen

Konflikte in der Schule

Stress und Stressbewältigung

Evaluation in der Schule

3. überarbeitete und erweiterte Auflage

Schneider Verlag Hohengehren GmbH

Umschlagbild: © Sandra Cunningham – Fotolia.com

Gedruckt auf umweltfreundlichem Papier (chlor- und säurefrei hergestellt).

Bibliografische Information der Deutschen Nationalbibliothek

Die Deutsche Nationalbibliothek verzeichnet diese Publikation in der Deutschen Nationalbibliografie; detaillierte bibliografische Daten sind im Internet über ›http://dnb.d-nb.de› abrufbar.

LehrerSein Band 1:	ISBN 978-3-8340-0611-0
LehrerSein Band 2:	ISBN 978-3-8340-0612-7
LehrerSein Band 1+2 zusammen:	ISBN 978-3-8340-0613-4
LehrerAlltag Band 1:	ISBN 978-3-8340-0620-2
LehrerAlltag Band 2:	ISBN 978-3-8340-0621-9
LehrerAlltag Band 1+2 zusammen:	ISBN 978-3-8340-0622-6

LehrerSein + LehrerAlltag
4 Bände zusammen: ISBN 978-3-8340-0630-1

Schneider Verlag Hohengehren, 73666 Baltmannsweiler

Inhaltsverzeichnis *LehrerAlltag* (Band 2)

„Wie kann man sich selbst kennen lernen? Durch Betrachten niemals, wohl aber durch Handeln."

(Johann Wolfgang von Goethe)

Hinweise

Soweit in diesem Buch für bestimmte Funktionen und Rollen (z. B. Lehrer / Schüler / Kollegen / Ausbilder / Teilnehmer) nur männliche Formen verwendet werden, sind die weiblichen stets mitgemeint.

Das Buch enthält zahlreiche Arbeitsanregungen. Lösungen zu diesen Aufgaben enthält es nicht. Im pädagogischen Raum gibt es nicht die Lösung schlechthin, die eine Frage abschließend klärt. Die Arbeitsanregungen fordern heraus, sich mit der Aufgabe auf individuelle Weise zu beschäftigen; sie sollen zur Diskussion anregen. Das Gefühl für die Unvollständigkeit der individuellen Lösung ist dabei durchaus beabsichtigt, da es hellhörig machen kann dafür, im Angesicht neuer Bedingungen weiter nach Lösungen zu suchen und Probleme und Fallsituationen aufs Neue zu bedenken. Außerdem soll der Leser ermutigt werden, bei Bedarf weitere Literatur hinzuzuziehen, um seine Fach- und Handlungskompetenz zu erhöhen.

Vorwort zur 3. Auflage

LehrerAlltag – Alltag von Lehrerinnen und Lehrern: Dieser wird hier von zwei profunden Kennern der Materie in den Blick genommen. Das vorliegende Handbuch ist eine sinnvolle und wichtige Ergänzung des Buches *LehrerSein*, das von denselben Autoren stammt. Die Zielgruppe von *LehrerAlltag* sind vor allem die jungen Kolleginnen und Kollegen, die im Rahmen des Vorbereitungsdienstes ihr professionsspezifisches Handlungswissen aufbauen und erweitern wollen, um genau diesem Alltag standzuhalten und seinen Anforderungen gerecht zu werden. Angesprochen sind aber auch „gestandene" Profis, die Tag für Tag, eben alltäglich, mit diesen Herausforderungen zu ringen haben. Lehramtsanwärterinnen und -anwärter sind diesem Alltag aufgrund veränderter Rahmenbedingungen von Lehrerausbildung zunehmend ausgesetzt, werden sie doch in bedarfsdeckendem Unterricht selbstständig tätig und dadurch mit entsprechenden Rechten und Pflichten in die Schulkollegien integriert.

Alltag wird in diesem Buch freilich nicht allein als eine Lebensrealität verstanden, die von Routine, Wiederholung, wiederkehrenden Automatismen, ja gar von „Trott", Langeweile und Überdruss gekennzeichnet ist. Alltag bezeichnet eine komplexe Wirklichkeit voller Herausforderungen, lebendige Vielfalt, mit all den damit verbundenen Chancen und Problemen, zu denen auch Belastungen gehören können. Alltag muss gelebt, zuweilen „ausgehalten", muss bewältigt, gemeistert, im besten Falle aber eben auch sinnstiftend und entlastend gestaltet werden, um nicht in ihm unterzugehen, zu „ersticken", von ihm „gefrustet", an ihm krank zu werden. Dazu bedarf es eigenen Bemühens, eigener Kraft und eigener gedanklicher Durchdringung, aber auch der Anregung, Unterstützung und der Hilfe von anderer Seite. Letzteres bietet das vorliegende Werk: Es zeigt Möglichkeiten der gestaltenden, der entlastenden Bewältigung von Alltag, des professionellen Umgangs mit den spezifischen Anforderungen des Systems Schule als beruflichem Handlungsfeld, Anforderungen, die es auszubalancieren gilt. Die Bewältigung erfolgt auf der Grundlage von fachlichem, wissenschaftlich fundiertem Wissen und einer kompetenten Theorie-Praxis-Verschränkung, die auch das eigene Selbst bedenkt. Erst diese Verschränkung macht den notwendigen Erwerb professionellen Handlungswissens möglich und unterscheidet sich durch ihre Reflexivität von der bloßen Anwendung pragmatischer Bewältigungsstrategien und Bewältigungskonzepte.

Diesem Anliegen widmen sich die Autoren in der hier vorliegenden dritten Auflage ihres nun zweibändigen Werkes anhand von insgesamt acht zentralen Handlungsfeldern, die den beruflichen Alltag von Lehrerinnen und Lehrern wesentlich bestimmen. Im hier vorliegenden ersten Band werden vier bedeutsame, Professionalität von Lehrerinnen und Lehrern wesentlich bestimmende thematische Bereiche in den Blick genommen: Unterrichts- und Verhaltensstörungen, Konflikte in der Schule, Bewältigung von Stress, Evaluation in der Schule. Sie besitzen ihren gemeinsamen Nenner darin, dass sie als Beiträge für die Klärung des Kompetenzprofils der professionellen Rolle von Lehrerinnen und Lehrern im System Schule unerlässlich sind.

Das Buch – das Einbandfoto lässt dies sinnfällig werden – vermag den Blick zu schärfen für einen komplexen, hinsichtlich seiner Anforderungen häufig diffus wirkenden Alltag, dessen Konturen nun wie durch eine Brille gesehen und erfasst werden können. Auf dieser Grundlage ist Bewältigung im angesprochenen Sinn erst möglich.

LehrerAlltag bietet dazu zahlreiche Praxisbeispiele, aktivierende Übungen und Reflexion ermöglichende Aufgaben, die auf konkrete Erfordernisse besonders der Lehreraus-, gewiss auch der Lehrerfortbildung bezogen sind. So legen die Autoren mit großer Sensibilität für die berufliche Praxis und feinem Gespür für die Bedürfnisse gerade auch der angehenden Lehrerinnen und Lehrer ein wichtiges Handbuch sowohl für die gemeinsame Arbeit im Studienseminar als auch für die individuelle Auseinandersetzung und das persönliche Training vor. In diesem Sinne gilt: Der Alltag kann kommen, denn wir haben dieses Buch.

Siegen, im Mai 2009

Dr. Peter Hibst
(Leiter des Studienseminars für Lehrämter an Schulen, Siegen)

1.

Unterrichts- und Verhaltens- störungen

„Unterrichtsstörungen sind Ereignisse, die den Lehr-Lernprozess beeinträchtigen, unterbrechen oder unmöglich machen […]"

(Gert Lohmann)

1.1. Selbstreflexion zu Unterrichtsstörungen

Die folgenden Fragen und Denkanstöße können Ihnen helfen, Ihr Vorverständnis zum Thema „Unterrichtsstörungen" zu klären.

1. Was verstehen Sie allgemein unter einer Unterrichtsstörung?

2. Nennen Sie mindestens sechs konkrete Beispiele von Unterrichtsstörungen.

3. Welche Arten von Unterrichtsstörungen haben Sie selbst bisher erlebt? In welchen Situationen genau traten die Störungen auf?

4. Welche Erklärung(en) haben Sie für das Entstehen der Unterrichtsstörungen, die Sie erlebt haben?

5. Was haben Sie bisher gegen Unterrichtsstörungen unternommen?

6. Wie weit stimmen Sie den folgenden Aussagen zu? Notieren Sie Gedanken, die Ihnen spontan zu den Aussagen einfallen. Begründen Sie Ihre Meinung. Diskutieren Sie Ihre Ergebnisse mit Kollegen.

1. Jeder Lehrer erlebt Unterrichtsstörungen anders.

Ja	Nein	Teilweise	Das fällt mir dazu ein ....

2. Schüler stören den Unterricht nie mit Absicht.

Ja	Nein	Teilweise	Das fällt mir dazu ein ....

3. Viele Lehrer stören die Schüler beim Denken, Lernen und Arbeiten.

Ja	Nein	Teilweise	Das fällt mir dazu ein ....

4. Bei einem guten Lehrer stören die Schüler nicht.

Ja	Nein	Teilweise	Das fällt mir dazu ein ....

5. Für Schüler ist der Unterrichtsgegenstand der größte Störfaktor im Unterricht.

Ja	Nein	Teilweise	Das fällt mir dazu ein ....

6. Es ist das Problem des Lehrers, wenn er sich durch Schüler gestört fühlt.

Ja	Nein	Teilweise	Das fällt mir dazu ein ....

7. Vervollständigen Sie die folgenden Satzanfänge; begründen Sie Ihre Auffassung:

Unterrichtsstörungen können oft	
Unter psychologischen Gesichtspunkten sind Unterrichtsstörungen meist	

Gegen Unterrichtsstörungen können Lehrer	
Schüler stören den Unterricht, wenn	

1.2. Formen von Unterrichtsstörungen

Unterrichtsstörungen können vom Lehrer und vom Schüler ausgehen, sie können aber auch in den organisatorischen und räumlichen Rahmenbedingungen von Unterricht begründet sein. Immer tragen Unterrichtsstörungen dazu bei, dass ein Lernprozess aus der Perspektive der Betroffenen behindert oder sogar unmöglich gemacht wird (Winkel 2009). In vielen Fällen liegt im Blick auf Unterrichtsstörungen eine verengte Sicht durch den Lehrer vor. Der Lehrer hält in der Regel ein spezifisches Schülerverhalten für störend, während er seine eigene Person meist ganz und externe (Umgebungs)Bedingungen weitgehend aus der Betrachtung ausklammert (s. zum Folgenden auch Wollenweber o. J.).

In der Tat können **Schüler den Unterricht stören**, wenn sie z. B.

- ♦ miteinander reden
- ♦ Geräusche produzieren
- ♦ sich untereinander streiten
- ♦ sich untereinander körperlich angreifen
- ♦ sich gegenseitig beleidigen
- ♦ laut in die Klasse rufen
- ♦ unaufgefordert in der Klasse herumlaufen

- Tagebuch schreiben
- träumend aus dem Fenster sehen
- in ihren Heften herummalen
- Hausaufgaben für andere Fächer erledigen
- mit Gegenständen spielen
- unter dem Tisch in einer Zeitschrift lesen
- verspätet zum Unterricht erscheinen
- die Arbeitsaufgaben nicht zur Kenntnis nehmen
- Hausaufgaben nicht erledigen
- im Unterricht essen oder trinken
- sich auf dem Tisch oder auf dem Stuhl räkeln

Zugleich kann aber auch der **Lehrer** ein Störfaktor sein, wenn er z. B.

- seinen Unterricht gar nicht oder schlecht vorbereitet
- desorganisiert ist
- keine angemessenen Arbeitsstrategien besitzt
- insgesamt wenig flexibel reagiert
- den Unterricht nicht pünktlich beginnt und / oder schließt
- kein vorbildliches Sozialverhalten zeigt
- den Unterricht zu langsam gestaltet
- den Unterricht zu wenig abwechslungsreich gestaltet
- zu wenig Lernzeit zur Verfügung stellt
- den Schülern zu wenig zutraut
- die Schüler kaum fördert
- undeutlich und / oder zu leise spricht
- unklare und / oder zu komplexe Arbeitsanweisungen gibt
- bei Fragen für die Schüler nicht ansprechbar ist
- während des Unterrichts andere Arbeiten erledigt
- ungerechte Leistungsbewertungen vornimmt
- inkonsequent reagiert
- seine Leistungsanforderungen nicht klar nennt
- bei Konflikten nicht mit sich reden lässt
- im Unterricht durch private Ereignisse gestresst ist

- Angst hat und sich ängstlich verhält
- zu viel Empathie von den Schülern erwartet
- zu viel sachbezogenes Engagement von der Lerngruppe erwartet
- sich nicht auf die soziokulturelle Situation der Lerngruppe einlässt
- problematische Situationen während des Unterrichts nicht oder nur teilweise erkennt

Externe Störmomente können z. B. sein:

- unklare Vertretungspläne
- häufiger Raumwechsel
- schlecht ausgestattete Räume
- schlecht belüftete Räume
- zu dunkle Räume
- schlechte Temperierung der Räume
- schlechte Akustik in den Räumen
- externe Ansagen während der Unterrichtszeit
- Verspätungen von Schülern und Lehrern durch extreme Wetterlagen
- dürftige PC- oder OHP-Ausstattung
- fehlende Kreide, Schwämme oder Putzlappen
- altes Mobiliar
- keine körpergerechte Bestuhlung
- zu kleine Gruppenräume
- Baulärm
- Feueralarm
- Reparaturarbeiten
- parallel zum Unterricht stattfindende Feiern (z. B. Abitur)

⇨ *Bevor Sie weiterlesen:*

- Versetzen Sie sich in die folgenden Situationen.
- Was würden Sie in diesen Situationen als Lehrer über das Schülerverhalten denken?
- Wie würden Sie sich als Lehrer fühlen?
- Wie würden Sie handeln?

1. Situation:

Peter kommt heute zum vierten Mal verspätet in Ihren Unterricht. Bisher haben Sie auf die Verspätungen noch nie reagiert.

Sie denken sich ....

Sie fühlen sich ....

Und so würden Sie handeln ....

2. Situation:

Claudia ruft zum ersten Mal laut in die Klasse: „He, Petra, du bist vielleicht eine alte Petze ...."

Sie denken sich ....

Sie fühlen sich ....

Und so würden Sie handeln ....

3. Situation:

Es ist etwa sieben Minuten vor Ende der Unterrichtsstunde. Jim und Paul packen ihre Taschen und legen ihre Butterbrote auf den Tisch.

Sie denken sich ....

Sie fühlen sich ....

Und so würden Sie handeln ....

1.3. Relativität von Unterrichtsstörungen

Das Erkennen von Unterrichtsstörungen setzt (aus der Sicht des Lehrers) die Wahrnehmung z. B. eines Schülerverhaltens voraus, das er im Blick auf seine Vorstellung von strukturierten Lernprozessen als störend interpretiert. Anders gesagt: **Das Schülerverhalten selbst *ist* also keine Störung, sondern es *wird* erst durch die Inter-**

pretation des Lehrers dazu. Die Wahrnehmung eines Ereignisses oder Verhaltens ist also nicht identisch mit dessen Interpretation. So deuten verschiedene Menschen auf Grund ihrer individuellen (Wert)Maßstäbe und Erfahrungen ein und dieselbe Situation unterschiedlich und fühlen sich demnach in der Situation auch (emotional und körperlich) unterschiedlich. **Wir fühlen uns also stets so, wie wir denken. Und wir handeln stets so, wie wir denken und fühlen. Störungen des Unterrichts sind somit kein objektiver Tatbestand; sie sind vielmehr das Ergebnis einer subjektiven Deutung eines Ereignisses durch den jeweiligen Lehrer (oder Schüler).** Diese Deutung ist nicht willkürlich. Der Lehrer orientiert die Deutung stets an seinen Erfahrungen und an seiner Zielsetzung, einen geplanten Lernprozess organisiert durchzuführen.

⇨ *Bevor Sie weiterlesen:*

- Stellen Sie sich drei Personen A, B und C vor, die gemeinsam einen Flug mit einem Düsenjet machen. Die drei Personen fliegen jeweils zum zweiten Mal mit einer solchen Maschine. Person A hat beim ersten Flug keinerlei Unannehmlichkeiten erlebt. Person B ist es beim ersten Flug schlecht geworden; der Flug selbst ist aber problemlos verlaufen. Person C ist beim ersten Flug in Wetterturbulenzen geraten; das Flugzeug hat mehrere problematische Manöver ausführen müssen und konnte nur mit Mühe sicher landen.
- Überlegen Sie, was die drei Personen A, B und C während ihres aktuellen Flugs denken und fühlen. Nehmen Sie dabei diese Ereignisse an: Das Flugzeug sackt bedingt durch die Thermik unerwartet mehr als zwanzig Meter ab. Verschiedene Passagiere schreien dabei laut auf.
- Übertragen Sie die Analyse der Situation auf das Problem der Unterrichtsstörungen: Welche Schlussfolgerungen ziehen Sie für sich selbst aus Ihren Überlegungen? Denken Sie dabei auch an die Handlungsdimension.

Person A	Person B	Person C
Denken	Denken	Denken

Empfinden (Emotionen + Körperreaktionen)	Empfinden (Emotionen + Körperreaktionen)	Empfinden (Emotionen + Körperreaktionen)

Schlussfolgerungen

Das Problem der Interpretation von Ereignissen besteht in der **Notwendigkeit, die Ereignisse interpretieren zu *müssen*, wenn sie eine Bedeutung erhalten sollen.** Lehrer müssen das sprachliche und nichtsprachliche Verhalten ihrer Schüler (meist ohne Rückfrage an die Schüler selbst) deuten, um das Schülerverhalten zu verstehen und einordnen zu können (nützlich, konstruktiv, problematisch, gefährlich, störend etc.). Die Interpretation des Lehrers resultiert aus den Gedanken, die er sich zu dem Schülerverhalten macht. Die Gedanken des Lehrers sind das Ergebnis kultureller und persönlicher Erfahrungen und in diesem Sinne mehr oder weniger vorgeprägt und vorstrukturiert. Aus der Interpretation des Schülerverhaltens wiederum resultieren alle Empfindungen des Lehrers. **Die Summe dieser Gedanken und Empfindungen (= die Interpretation der Situation) beeinflusst dann maßgeblich, wie der Lehrer auf das Schülerverhalten reagiert.**

Nehmen Sie konkret diesen Fall: Ein Lehrer sieht zwei Schüler während des Frontalunterrichts miteinander sprechen. Der Lehrer kann die Lage unterschiedlich interpretieren; dabei wird er Alltagstheorien und seine persönlichen Erfahrungen mit ähnlichen Situationen zugrunde legen:

❑ Interpretation A: „Die beiden haben wieder nichts anderes zu tun, als sich über ihr gemeinsames Hobby zu unterhalten. Die sind wie immer unaufmerksam und wissen gleich wieder nicht, was hier im Unterricht läuft."

❑ Interpretation B: „Die beiden haben bestimmt wieder eine weiterführende Idee. Die sind nämlich besonders begabt und sehr interessiert an diesem Fach. Manchmal geht das einfach zu langsam für sie."

❑ Interpretation C: „Man, wenn die beiden anfangen zu reden, dann wird gleich wieder in der ganzen Klasse Unruhe sein. Wie soll ich da mit meinem Stoff durchkommen? Das ist einfach eine miese Klasse."

Die unterschiedlichen Interpretationen desselben Sachverhalts können beim Lehrer sehr unterschiedliche Empfindungen und Handlungen auslösen. Fazit: **Was für den einen Lehrer eine Störung ist, muss für den anderen keine sein.** Daher wird der eine Lehrer auf bestimmte Unterrichtsereignisse gar nicht oder anders reagieren als der andere Lehrer.

Dennoch ist nicht jede Störung eine „rein subjektive Angelegenheit" des Lehrers. Ein bestimmtes Ereignis wird für einen Lehrer immer dann zu einem „objektiven" Störmoment, wenn es seine Unterrichtstätigkeit faktisch behindert. Der Lehrer kann sich zwar auch dann weiterhin „entscheiden", ob er ein solches Störereignis während des Unterrichts tatsächlich als Störung interpretieren möchte oder nicht. Sobald er jedoch den von ihm selbst vorgezeichneten Unterrichtsweg (Planung / Verlauf) verlässt, liegt immer „objektiv" eine Störung vor, weil diese Abweichung auch für Außenstehende „objektiv" (eben faktisch) erkennbar ist. Dennoch: Auch die Ursache für eine solche Abweichung vom Lernweg muss vom Lehrer selbst nicht als Störung interpretiert werden; er kann hier beispielsweise auch von seinem flexiblen und souveränen Verhalten sprechen, das auf Grund seiner schülerorientierten Vorgehensweise erforderlich ist. „Objektiv" kann also eine Störung nur in dem Maße sein, wie sich die Beurteiler auf dieselben Werte und Maßstäbe geeinigt haben. Für den Lehrer gilt als Maßstab die Verpflichtung, den Schülern in definierten Zeiträumen bestimmte Lerninhalte zu vermitteln. Dies ist aber „objektiv" dann nicht mehr (hinreichend) möglich, wenn der Lehrer in zu starkem Maße Abweichungen vom jeweiligen Lernweg (Störungen) zu belanglosen Phänomenen umdeutet und sie hinnimmt, ohne zu reagieren.

⇨ *Bevor Sie weiterlesen:*

- Gehen Sie der Frage nach: Welche Gefühle und Handlungen können in unserem Beispiel aus den drei Interpretationen folgen?
- Was bedeutet das für Sie? Welche Schlussfolgerungen ziehen Sie aus Ihren Überlegungen für die Unterrichtsstörungen, die Sie selbst erlebt haben?

Fühlen – Interpretation A
Fühlen – Interpretation B
Fühlen – Interpretation C
Handeln – Interpretation A
Handeln – Interpretation B
Handeln – Interpretation C

Konsequenzen

1.4. Didaktische Ursachen von Unterrichtsstörungen

Schüler und Lehrer stehen im Unterricht in ständiger Interaktion; sie reagieren aufeinander. Aus der Sicht des **symbolischen Interaktionismus** handeln die Beteiligten auf der Grundlage der Bedeutung, die sie den Dingen und den Situationen beimessen. Die Bedeutung der Dinge und Situationen ermitteln und verändern die Menschen im Verlaufe der **sozialen Interaktion** (vgl. Blumer 1986; Mead 2008). Schüler interpretieren in diesem Sinne das Unterrichtsarrangement und die Verhaltensweisen der Lehrperson und reagieren darauf u. a. auch mit Störungen. **Viele Unterrichtsstörungen haben ihre Ursache daher in den didaktischen Entscheidungen und dem Verhalten des Lehrers**. Die Schüler fühlen sich durch Inhalt und Methode des Unterrichts nicht (hinreichend) angesprochen; sie beschäftigen sich daher mit etwas anderem, statt sich konzentriert auf den Unterrichtsinhalt einzulassen. In der folgenden Liste sind einige methodisch-didaktische Aspekte zusammengestellt, die bei der Planung und Durchführung von Unterricht besonders zu beachten sind. Unterrichtsstörungen sind vorprogrammiert, wenn mehrere dieser Aspekte bei der konkreten Umsetzung des Unterrichts nicht oder in zu geringem Umfang beachtet werden (vgl. a. Meyer 2005; Green / Green 2005; Kliebisch / Meloefski 2009e):

- Lernpsychologisch orientierte Dramaturgie („roter Faden")
- Lerngegenstand und Themenstellung
- Motivation durch Unterrichtseinstiege
- Transparenz des gesamten Unterrichtsablaufs
- angemessenes Lerntempo (Dynamik)
- Klarheit von Lern- und Arbeitszielen
- Attraktive und klar strukturierte Medien
- zielführende Selbsttätigkeit bei den Schülern
- altersgemäße Problemorientierung
- schul- und schulstufenbezogene Schülerorientierung

- kooperative Arbeitsweisen
- übersichtliche und einfache Visualisierung der Arbeitsergebnisse
- Erfahrungsorientierung
- angemessene Lernanforderungen
- Differenzierte Förderung der Schüler
- strukturierende Moderation von Unterrichtsgesprächen
- maximale Nutzung der Lernzeit, wenig Zeiteinsatz für Organisatorisches
- hohe sozial-kommunikative Kompetenz des Lehrers
- hohe Fachkompetenz des Lehrers
- erkennbares Selbstverständnis des Lehrers als Facilitator
- ichstarke Persönlichkeit des Lehrers
- Flexibilität des Lehrers im Umgang mit seiner Planung
- hinreichende Berücksichtigung der Bedingungsanalyse (sozio-ökonomische Faktoren allgemein, konkretes Lernumfeld, konkrete institutionelle Bedingungen, mögliche und tatsächliche Störungen)
- regelmäßiges Feedback
- systematische Evaluation

⇨ *Übung: Bestandsaufnahme der eigenen Unterrichtspraxis*

1. Ich fordere meine Schüler angemessen.

Ja	Nein	Teilweise	So müsste ich in Zukunft vorgehen ....

2. Ich fördere meine Schüler angemessen.

Ja	Nein	Teilweise	So müsste ich in Zukunft vorgehen ....

3. Meine Unterrichtseinstiege sind motivierend.

Ja	Nein	Teilweise	So müsste ich in Zukunft vorgehen ....

4. In meinem Unterricht arbeiten die Schüler selbsttätig und kooperativ.

Ja	Nein	Teilweise	So müsste ich in Zukunft vorgehen ....

5. In meinem Unterricht herrscht eine entspannte und lernförderliche Atmosphäre.

Ja	Nein	Teilweise	So müsste ich in Zukunft vorgehen ....

6. Mein Unterricht ist problem- und schülerorientiert angelegt.

Ja	Nein	Teilweise	So müsste ich in Zukunft vorgehen ....

7. Ich kann Unterrichtsgespräche zielführend moderieren.

Ja	Nein	Teilweise	So müsste ich in Zukunft vorgehen ....

8. Ich erreiche in der Regel meine Lernziele.

Ja	Nein	Teilweise	So müsste ich in Zukunft vorgehen ....

9. Mein Unterricht verläuft für die Schüler transparent.

Ja	Nein	Teilweise	So müsste ich in Zukunft vorgehen ....

10. Ich verstehe mich als Lernbegleiter der Schüler.

Ja	Nein	Teilweise	So müsste ich in Zukunft vorgehen ....

Viele didaktische Entscheidungen liegen bereits in der Planung begründet. Vor allem die Dramaturgie des Ablaufs einer Unterrichtsstunde entscheidet wesentlich mit darüber, ob später Störungen diesen Ablauf beeinträchtigen. Die von uns selbst vorgeschlagene **Dramaturgie** hat sich als ein in vielen Fällen nützlicher Rahmen erwiesen, der den Unterrichtsprozess klar strukturiert und auch mit einer angemessenen Dynamik ausstattet (vgl. Kliebisch / Meloefski 2009d, Kap. 3.).

Der Ablauf ist für eine einzelne Unterrichtsstunde (45 Minuten) sehr kompakt gestaltet, aber durchaus realisierbar; wann immer es möglich ist, sollte aber ein umfangreicherer Zeitrahmen (z. B. 60 Minuten oder eine Doppelstunde) genutzt werden. Ein größerer Zeitrahmen verbessert den Erfolg des Konzepts nochmals und kommt damit der Qualität des Unterrichts zugute.

Zeit	Phase	Unterrichtsschritte / Geplantes Vorgehen / Sach-/Verhaltensaspekte	Sozialformen / Handlungs- muster	Medien
5 Min.	*Einstieg*	○ Sensibilisierung für das Thema der Stunde ○ Wecken von Assoziationen ○ Motivation zur spontanen Reaktion	Unterrichtsgespräch / Schülergespräch	z. B. Bild / These / Stummer Impuls (Stichwort an Tafel)
2 Min.	*Problemorientierung (evtl. anschl. Hypothesenbildung)*	○ Formulierung der leitenden Fragestellung (Problemfrage) ○ evtl. danach: Formulierung von Hypothesen zur leitenden Fragestellung	Unterrichtsgespräch / Schülergespräch	Tafel / Folie

20 Min.	*Erarbeitung (evtl. vorweg Methodenreflexion)*	o Bearbeitung der Problemfrage durch organisierte Selbsttätigkeit der Schüler o ggf. vorher: Methodenreflexion	Einzel-, Partner-, Gruppenarbeit (arbeitsgleich oder arbeitsteilig) (⇨ kooperatives Lernen)	z. B. Text(e) / Quelle(n) / Grafik(en) / Tabelle(n)/ Experiment
8 Min.	*Präsentation und Auswertung / Sicherung der Ergebnisse*	o schülerzentrierte Vorstellung der Gruppenergebnisse (mind. 2 Gruppen) o Klärung, Vergleich und Sicherung der Ergebnisse (inhaltlich, ggf. formal) o Beantwortung der leitenden Fragestellung o dabei ggf. Rückbezug zu den Hypothesen der Schüler im Blick auf die Problemfrage o Zusammenfassung o Systematisierung der Ergebnisse o ggf. Formulierung weiterer Fragen, Probleme usw.	Plenum / Schülervortrag + Unterrichtsgespräch (ggf. Schülermoderation)	z. B. Folien / Plakate / Arbeitsblätter / Tafelanschrieb

10 Min.	*Vernetzung: Übertragung (Transfer) / Anwendung / Verarbeitung der Ergebnisse*	o Übertragung der erarbeiteten Ergebnisse auf andere Zusammenhänge und / oder o kritische Stellungnahme und / oder o Erarbeitung von Lösungsmöglichkeiten und / oder o Formulierung weiterer Fragen und / oder o Planung des weiteren Vorgehens	Unterrichtsgespräch (Schülergespräch) oder Partner-, Gruppenarbeit (⇨ kooperatives Lernen) + anschl. Unterrichtsgespräch	z. B. Tafel / Arbeitsblatt
	Optionale Phase	o zusätzliche Vernetzungsleistungen		
		o Hausaufgabe		

⇨ **Infoeinschub:**

Unter Analyse- und Planungsgesichtspunkten geht die **kritisch-kommunikative Didaktik** explizit auf den Aspekt der Unterrichtstörungen ein. Rainer Winkel hat auf der Grundlage der wesentlichen Arbeiten von Karl-Hermann Schäfer und Klaus Schaller (1985) die Strukturen des Unterrichts untersucht. Er nennt vier Aspekte, die bei der Beschreibung und damit auch für die Planung von Unterricht bedeutungsvoll sind (2002, 101; s. a. 2009):

- Vermittlung
- Inhalt
- Beziehungen
- Störungen

Die vier Faktoren greifen im Verlaufe unterrichtlicher Prozesse ineinander, sind aufeinander bezogen und voneinander abhängig. Der Gesichtspunkt der **Störungen** kann (wie auch die übrigen) genauer differenziert werden. So lassen sich in dieser Hinsicht unterscheiden (Winkel 2002, 103):

- Störungsarten
- Störungsfestlegungen
- Störungsrichtungen
- Störungsfolgen
- Störungsursachen

Es ist sicher ein Verdienst der kritisch-kommunikativen Didaktik, „die prinzipielle Störanfälligkeit jedweden Unterrichts in das Zentrum der Analyse und Planung gerückt" zu haben. Die Realität alltäglichen Unterrichtens und Erziehens dürfte dadurch besser getroffen sein als durch die oft idealisierten Topoi anderer didaktischer Ansätze (Winkel 2002, 109; s. a. Kliebisch / Meloefski 2009d, 31ff.). Ergänzend sollte man berücksichtigen: Auch W. Klafki nennt in der Neufassung seiner Didaktischen Analyse den Aspekt der Störungen ausdrücklich (2002, 18), sieht sie aber nicht so sehr im Mittelpunkt wie Winkel. Klafki versteht Störungen nur als einen Gesichtspunkt, dem sich die Bedingungsanalyse unter anderen widmen muss. Eine besondere Schwierigkeit liegt dabei für den Lehrer darin, mögliche Störungen in Art und Umfang angemessen zu antizipieren und sein Handeln darauf einzurichten.

⇨ *Fallbeispiel: „Nadine stört."*

- Lesen Sie den nachfolgenden Text über Nadine, eine Problemschülerin.

- Bearbeiten Sie anschließend die nach der Situationsbeschreibung gestellten Fragen.

- Deuten Sie das Problemverhalten als Folge didaktischer Entscheidungen des Lehrers.

- Nennen Sie Maßnahmen, die Sie angesichts Ihrer Deutung des Falles dem Lehrer empfehlen würden.

- Überlegen Sie, welche anderen Deutungsaspekte für eine angemessene Einschätzung des Falles wichtig sind.

Weiter unten lesen Sie dann unsere Deutung der Situation.

Die Situation

Als Lehrer beobachten Sie dies: Die vierzehnjährige Nadine stört seit einiger Zeit auffallend häufig den Unterrichtsablauf, indem sie mit ihrer Freundin Olivia vor allem in Gruppenarbeitsphasen die gemeinsamen Erfahrungen des Vortags austauscht oder unter dem Tisch aktuelle Modezeitschriften ansieht. Selbstverständlich haben Sie schon so manches unternommen, um die Problem- und Störsituationen zu beheben: Mit Nadine haben Sie eindringliche Gespräche geführt und versucht, Nadine durch Appelle von ihrem störenden Verhalten abzubringen.

Natürlich haben Sie sich auch über Ihr eigenes Verhalten Gedanken gemacht, und manchmal haben Sie auch an Ihren Fähigkeiten als Lehrer und Erzieher gezweifelt: *Ein guter Lehrer muss das doch schaffen; er muss doch in der Lage sein, einen störungsfreien Unterricht abzuhalten; und als Erzieher muss er fähig sein, das Verhalten von Schülern so zu beeinflussen, dass die Kinder und Jugendlichen pünktlich zum Unterricht erscheinen, dass sie dem Unterricht aufmerksam folgen und ihre Konflikte gewaltfrei lösen.* Vielleicht ist Ihr Selbstbild schon arg ins Wanken geraten, als Sie sich Ihrer ganzen Hilflosigkeit bestimmten Schülerinnen und Schülern gegenüber erst einmal bewusst geworden sind.

Man kann als Lehrer schon verzweifeln, wenn man so hohe Ansprüche an sich stellt und immer wieder in Situationen gerät, in denen man diesen Ansprüchen einfach nicht gerecht werden kann. Aus verschiedenen Untersuchungen wissen Sie: *Gerade die Lehrer sind besonders stressgefährdet, deren Anspruch an sich selbst besonders hoch ist. Dass besonders Lehrer mit hohem Selbstanspruch hohen Belastungen ausgesetzt sind, ist leicht zu erklären: Gerade sie bemerken die Diskrepanz zwischen dem von ihnen angestrebten Soll-Zustand und dem tatsächlich Machbaren, dem Ist-Zustand, intensiver als jene Kollegen, deren Anspruch an ihre pädagogische Arbeit niedriger ist.*

Sie wollen als Lehrer guten Unterricht machen; die Schüler sollen bei Ihnen viel lernen. Und Sie wollen eine gute Beziehung zu den Schülern aufbauen. Daher setzen Sie die Schüler beim Arbeiten nicht unter Zeitdruck: Jeder Schüler soll sein eigenes Lerntempo haben, auch Nadine. Sie wird aber oft trotzdem nicht mit der gestellten Aufgabe fertig; denn Nadine redet viel mit ihrer Nachbarin und Freundin über Dinge, die mit dem Unterricht nichts zu tun haben. Und das stört Sie als Lehrer vor allem auch deshalb, weil Ihre bisherigen Interventionen Nadines Verhalten nicht ändern konnten.

Vor allem während der Gruppenphasen klinken sich Nadine und Olivia aus; schließlich sind sie meist in derselben Arbeitsgruppe, da bietet sich das gemeinsame Gespräch einfach an. Die mitgebrachten Zeitschriften tun ein Übriges, um die beiden abzulenken und in ihre eigene Traumwelt zu führen. Und Sie haben sich so viel Mühe mit den Aufgaben für die Gruppenarbeit gegeben. Alle kommen sofort in der Gruppe zusammen und erhalten dieselbe spannende Aufgabe. Gewundert haben Sie sich aber schon, dass nicht nur Nadine und Olivia „ausgestiegen" sind. Auch andere Schüler wie Christopher, Ben und Beate legen sich während der Arbeitsphase auf die faule Haut, schauen aus dem Fenster, schreiben Tagebuch oder versuchen, den Walkman einzuschalten. Sie haben die Vermutung, dass diese Schüler auch von Nadines und Olivias Verhalten beeinflusst sind.

Klar, Sie sind zu den Gruppentischen gegangen, haben sich ausführlich mit den Schülern unterhalten, auch mit Nadine; Sie haben Nadine und die übrigen säumigen Schüler ermahnt und zur Arbeit aufgerufen. So richtig genutzt hat das auch nichts. Um die verlorene Zeit wieder hereinzuholen, haben Sie dann einigen Schülern etwas klarer gezeigt, wie sie auf die Lösungen der Aufgaben kommen können. Und weil die meisten Arbeitsgruppen ohnehin keine Zeit mehr hatten, eine brauchbare Visualisierung der Arbeitsergebnisse anzufertigen, haben Sie das dann übernommen. Schließlich haben Sie ja sicherheitshalber immer die passenden Folien vorbereitet. Die Schüler durften das dann abschreiben. So haben Sie es am Ende doch oft noch geschafft, „Ihre Lernziele" zu erreichen.

Fragen zur Situation

Wie erleben Sie Schüler, die während einer Gruppenarbeit mit etwas anderem als dem Unterrichtsgegenstand beschäftigt sind?	

Wie würden Sie sich (bezogen auf das Beispiel) gegenüber Nadine verhalten?	
Wie begründen Sie Ihre Maßnahmen?	
Was genau wollen Sie durch Ihr Verhalten gegenüber Nadine erreichen? Nennen Sie Ihre Ziele.	
Wie wichtig sind Ihnen diese Ziele? Könnten Sie auf das Erreichen des einen oder anderen Ziels verzichten? Unter welchen Bedingungen wäre dies für Sie möglich?	
Welche Hypothesen haben Sie über Nadines Störverhalten?	

Welche Rolle spielt bei Ihrer Erklärung Nadines Freundin?	
Welche Bedeutung hat der Lehrer für das Stör-verhalten Nadines?	

Ihre Deutung aus didaktischer Sicht: Welche methodisch-didaktischen Fehler hat der Lehrer gemacht? Welche dieser Fehler haben Nadines Störverhalten auf welche Weise begünstigt?

Ihre Ratschläge an den Lehrer: Welche anderen didaktischen Entscheidungen, welches andere Verhalten hätten dem Lehrer geholfen, Nadines Störverhalten zu verringern?

Und so deuten wir die Situation

Natürlich lässt sich Nadines Verhalten nicht allein durch die didaktischen Fehlentscheidungen des Lehrers erklären. Insofern ist unsere Deutung zweigeteilt. Beschäftigen wir uns zunächst mit den Fehlern des Lehrers und der Frage, wie diese Fehler das Störverhalten Nadines erhalten. Was macht der Lehrer falsch? Hier die wichtigsten Punkte:

- Der Lehrer räumt den Schülern die Zeit ein, die diese einfordern. Dadurch reduziert sich das Lerntempo der gesamten Lerngruppe; denn die Schüler haben keine klaren Zielvorgaben mehr. Mangelnde Ziele aber reduzieren die Motivation. Langsameres Arbeiten, Ausweichverhalten und geringe Konzentration auf das Thema sind die Folgen. Nadines Störverhalten wird stabilisiert.

- Der Lehrer führt zwar Gruppenarbeit durch, setzt dabei aber offenbar keine kooperativen Arbeitsformen ein. Dies führt in den Gruppen zur raschen Hierarchiebildung der Teilnehmer: Einige wenige übernehmen die Arbeit, andere klinken sich aus. Auch Nadine kann sich dadurch dem Gespräch mit ihrer Freundin widmen, ohne in der Gruppe negativ aufzufallen und Verantwortung übernehmen zu müssen.

- Der Lehrer vertraut darauf, dass die Schüler die Arbeitsgruppen selbstständig bilden. Das tun sie auch, aber nicht unter dem Aspekt optimierter Arbeitsmöglichkeiten, sondern meist unter dem Gesichtspunkt gegenseitiger Sympathie. Daher kommt es dazu, dass Nadine und ihre Freundin zusammen in einer Arbeitsgruppe sind, eine günstige Voraussetzung für die störenden Gespräche.

- Der Lehrer wartet nach der Arbeitsphase nicht die Ergebnisse der Gruppe ab, sondern visualisiert die möglichen Ergebnisse durch eigene Folien. Dadurch entwertet er den gesamten Arbeitsprozess. Die Schüler bekommen den Eindruck, dass nicht ihre Arbeit wichtig ist, sondern der Lehrer ohnehin nur aus ihnen herausholen möchte, was er sich überlegt hat. Auch diese Botschaft des Lehrers wird Nadine nicht zum Arbeiten bewegen.

- Bei vorangeschrittener Zeit und unergiebigem Arbeitsverhalten betreut der Lehrer die Schüler intensiver als sonst. Dadurch signalisiert er den Schülern: Ihr könnt damit rechnen, dass ich euch helfe, wenn ihr am Ende nicht genug Zeit habt. Die Schüler verlassen sich darauf und vertrödeln während der Arbeit Zeit mit anderen Aktivitäten. Nadine unterhält sich derweil mit ihrer Freundin.

Gerade in dem zuletzt beschriebenen Vorgehen des Lehrers liegt ein weiteres Problem, das Nadines Störverhalten am Leben erhält. Der Lehrer möchte Nadines Verhalten in eine von ihm gewünschte Richtung lenken. Deshalb geht er zu den Gruppentischen und redet ausführlich mit Nadine, er ermahnt sie und fordert sie zur Mitarbeit auf. Diese Intervention blockiert aber (zusammen mit den beschriebenen didaktischen Aspekten) Nadines Verhalten nicht, sondern verstärkt es geradezu. Wie kommt das?

Wie lässt sich das Verhalten von Menschen ändern? Dazu muss man zunächst verstehen, weshalb Menschen sich überhaupt so verhalten, wie sie es tun. Menschen verhalten sich nicht einfach willkürlich in einer beliebigen Weise, auch wenn dies für Außenstehende manchmal so erscheinen mag. Jedes menschliche Verhalten hat unter innerpsychischen Aspekten für die Person einen Sinn: Mindestens in einem Kontext hat jedes Verhalten einen primären Nutzen für die betreffende Person, sonst hätte sie das Verhalten nicht gelernt und würde es nicht anwenden. Außerdem hat manches Verhalten in bestimmten Kontexten einen **sekundären Nutzen**. Manchmal wird dieser sekundäre Nutzen von der Person so hoch bewertet, dass in derselben Situation auftretende Nachteile dadurch kompensiert werden.

Machen wir uns an einem Beispiel klar, worin der primäre und der sekundäre Nutzen bei einem Störverhalten liegen können: Nehmen wir Nadine, die sich während des Unterrichts mit ihrer Freundin unterhält. Für Nadine liegt der primäre Nutzen ihres Verhaltens darin, sich ablenken zu können, eine Rückmeldung von ihren Klassenkameraden zu bekommen und dadurch die Belastungen des Unterrichts oder ihre Langeweile zu kompensieren. Allerdings kann sie diesen primären Nutzen während des Unterrichts nicht wirklich auskosten; schließlich ermahnt sie der Lehrer immer wieder und fordert sie auf, die Seitengespräche zu beenden und stattdessen dem Unterricht zu folgen. Dadurch können sich Nadines Gespräche mit ihrer Freundin natürlich kaum entwickeln, haben also keinen wirklichen Nutzen für sie.

Doch für Nadine gibt es noch einen sekundären Nutzen in derselben Situation: Die Nebengespräche mit den Mitschülern fallen dem Lehrer natürlich auf; der Lehrer fühlt sich dadurch gestört, außerdem behindert Nadines Verhalten den Fortgang des Unterrichts. Zudem fühlt sich der Lehrer dafür verantwortlich, auch Nadine am Unterrichtsgeschehen zu beteiligen: Also wendet sich der Lehrer Nadine zu, indem er diese ermahnt und auffordert, dem Unterricht zu folgen.

Nadine erfährt also durch ihr Störverhalten (negative) Zuwendung durch den Lehrer. Diese Zuwendung muss Nadine ziemlich wichtig sein, sonst würde sie nicht immer wieder das Gespräch mit den Mitschülern suchen und dabei die negative Konsequenz in Kauf nehmen, vom Lehrer ermahnt zu werden. Ein weiterer sekundärer Nutzen könnte für Nadine darin liegen, auch von ihren Mitschülern beachtet zu werden, wenn sie im Unterricht immer wieder stört. Vielleicht hat Nadine inzwischen den Ruf, Störerin zu sein. Das Stören gehört gleichsam zu ihr, wie bei anderen Menschen andere Verhaltensweisen als selbstverständliche Elemente deren Verhaltens erlebt werden (Typisierung). Vielleicht erfährt Nadine gerade auch darüber Anerkennung von ihren Mitschülern, dass sie stört und sich so „souverän" über die Anweisungen und Aufforderungen des Lehrers hinwegsetzt.

Primärer Nutzen
- **Seitengespräche mit den Mitschülern**

Sekundärer Nutzen

- **Zuwendung durch den Lehrer**
- **Anerkennung durch die Mitschüler**

Fassen wir zusammen: Für Nadine wäre es also nicht sinnvoll (= nützlich), würde sie ihr Störverhalten aufgeben. Eine Veränderung ihres Verhaltens in Richtung auf das vom Lehrer gewünschte Verhalten brächte Nadine letztlich nur Nachteile. Der primäre Nutzen, Kontakt mit den Mitschülern aufzunehmen, ginge dann ebenso verloren wie der sekundäre Nutzen: Nadine erführe von ihrem Lehrer keine Zuwendung mehr in Form von Ansprache und Ermahnung und vielleicht verlöre Nadine sogar die Achtung ihrer Klassenkameraden, wenn sie sich in Zukunft als „braves Mädchen" zeigte.

Der primäre Nutzen überwiegt für Nadine also nicht; ihr Störverhalten wird vielmehr durch den sekundären Nutzen in Gang gehalten, vom Lehrer soziale Zuwendung zu erfahren, auch wenn die Zuwendung nur in Ermahnungen besteht und daher „negativ" ist. Darüber hinaus könnte auch die Zuwendung durch die Mitschüler eine Rolle dabei spielen, dass Nadine ihr Verhalten fortsetzt. Hinzu kommt, dass der Lehrer durch seine didaktischen Fehlentscheidungen vieles dafür tut, den Mechanismus in Gang zu halten. Die methodischen Fehlentscheidungen des Lehrers helfen Nadine also, ihr Störverhalten fortzusetzen.

Profi-Aufgaben

❏ Welche drei didaktischen Entscheidungen würden Sie auf jeden Fall treffen, damit Schüler Ihren Unterricht nicht oder weniger stören (können)? Begründen Sie Ihre Auffassung.

Entscheidung	Begründung (Stichwort)

❏ Inwieweit können Lehrer durch didaktische Entscheidungen Unterrichtsstörungen vorbeugen? Ziehen Sie aus Ihrer Antwort Schlüsse für Ihr Handeln im Unterricht.

Schlussfolgerungen für mein Handeln

1.5. Maßnahmen gegen Unterrichtsstörungen

Geeignete Maßnahmen gegen Unterrichtsstörungen setzen eine sinnvolle Analyse der Störungen voraus. Maßnahmen können kurzfristig (z. B. in der laufenden Unterrichtsstunde) oder langfristig (z. B. als Prophylaxe) erforderlich und sinnvoll sein. Die folgende Liste zeigt mögliche **Interventionen**.

> ➢ Seien Sie Vorbild in Auftreten, Verhalten, Kleidung und Sprache!
> ➢ Machen Sie sich beliebt, ohne sich anzubiedern!
> ➢ Gestalten Sie Ihren Unterricht abwechslungsreich!
> ➢ Seien Sie offen für die Live-Erfahrung des Unterrichts!
> ➢ Moderieren Sie Unterrichtsgespräche zielführend!
> ➢ Nehmen Sie die Schüler und deren Interessen ernst!
> ➢ Machen Sie sich klar: Auch störende Schüler tun gerade das Beste, was sie können!
> ➢ Sprechen Sie nur, wenn es in der Klasse ruhig ist!
> ➢ Sprechen Sie bewusst leise und erhöhen Sie so die Aufmerksamkeit!
> ➢ Seien Sie omnipräsent! Nutzen Sie dazu nonverbale Signale!
> ➢ Machen Sie sich Ihre Vorlieben und Abneigungen klar!
> ➢ Stellen Sie sich neben sich; sehen Sie sich die Situation mit Distanz an!
> ➢ Ignorieren Sie das Störverhalten von Schülern!
> ➢ Verhalten Sie sich kongruent!
> ➢ Seien Sie konsequent und zeigen Sie gleichzeitig Verständnis!
> ➢ Seien Sie berechenbar!
> ➢ Reagieren Sie rasch auf Störungen!
> ➢ Deuten Sie die Situation ins Positive um!
> ➢ Nutzen Sie Ich-Botschaften!
> ➢ Hören Sie reflektierend und aktiv zu!
> ➢ Seien Sie emphatisch!
> ➢ Zeigen Sie emotionale Wärme!
> ➢ Stellen Sie zur Klärung von Störungen geeignete Fragen!
> ➢ Interessieren Sie sich für das Störverhalten und dessen Ursachen!
> ➢ Sprechen Sie die störenden Schüler direkt und mit Namen an!
> ➢ Stellen Sie niemanden bloß!

- Reden Sie mit störenden Schülern außerhalb des Unterrichts!
- Vertreten Sie Werthaltungen, ohne rigoristisch zu sein!
- Klären Sie die Ursachen der Störungen und die Motive der Störenden!
- Nutzen Sie die Ihnen bekannten Deutungsmöglichkeiten für Störungen!
- Rechnen Sie mit psychologisch erklärbaren Hintergründen der Unterrichtsstörungen!
- Akzeptieren Sie die Schüler!
- Verzichten Sie auf Wertungen und Strafen!
- Machen Sie sich bewusst: Störende Schüler brauchen Ihre Hilfe!
- Loben Sie die Schüler für angemessenes Verhalten und gute Lernergebnisse!
- Erlauben Sie sich und den Schülern Emotionen und Fehlverhalten!
- Durchkreuzen Sie den Erwartungshorizont der Schüler!
- Vereinbaren Sie mit Schülern Kommunikations- und Verhaltensregeln!
- Halten Sie sich selbst an diese Regeln!
- Vermeiden Sie Schreien und Beschimpfungen!
- Führen Sie in der Klasse / Gruppe Rituale ein!
- Schließen Sie mit Schülern Verträge und halten Sie diese selbst ein!
- Geben Sie den Schülern echtes Feedback!
- Machen Sie den Schülern Mut!
- Haben Sie Humor und lachen Sie mit den Schülern!
- Lachen Sie über sich selbst!
- Geben Sie Pannen und Fehler zu!
- Lassen Sie die Schüler kooperativ arbeiten!
- Übertragen Sie den Schülern Verantwortung!
- Fordern und fördern Sie die Schüler!
- Denken Sie rational, und gewinnen Sie einen Blick für das Machbare!
- Klären Sie Ihre irrationalen Vorannahmen und Vorurteile!
- Definieren Sie Ihr Selbstverständnis als Lehrer!
- Werden Sie für Schüler zum lernenden Helfer!
- Werden Sie ichstark und zeigen Sie es!
- Seien Sie souverän und handeln Sie entsprechend!
- Lassen Sie hin und wieder Gnade vor Recht ergehen!
- Kontrollieren Sie Ihre Gefühle durch gezieltes Denken!

➢ Nutzen Sie Anti-Stress-Übungen!

Und in Bezug auf Ihr Selbst-Management:

➢ Organisieren Sie sich beruflich und privat!

➢ Arbeiten Sie strategisch und effizient!

➢ Managen Sie Ihr Leben und Ihre Ressourcen!

➢ Formulieren Sie positive Vorsätze und verinnerlichen Sie diese!

➢ Treffen Sie Entscheidungen, wenn und wie sie nötig sind!

Aufgabe

❏ Bringen Sie die Maßnahmen in eine Ordnung. Was ist Ihnen das Wichtigste? Was soll an zweiter Stelle folgen? Nennen Sie die zehn wichtigsten Punkte.

❏ Konkretisieren Sie diese zehn Maßnahmen anschließend.

❏ Überlegen Sie, wie jede der zehn Maßnahmen Ihnen helfen kann, Unterrichtsstörungen zu vermeiden oder zu beheben.

Im Folgenden zeigen wir an einigen Beispielen Handlungsmöglichkeiten für konkrete Störsituationen. Weitere Tipps: Kliebisch / Meloefski 2009c, Kap. 1

⇨ *Beispiel:* Seitengespräche

⇨ *Worum geht es?*

Eine der häufigsten Störungen aus Lehrersicht sind Unruheherde im Klassenraum: Zwei Schüler reden während eines gelenkten Unterrichtsgesprächs mehr oder weniger laut miteinander, ohne vom Lehrer dazu aufgefordert zu sein. Sie fühlen sich als Lehrer durch die Seitengespräche abgelenkt und nehmen an, dass dies – schon durch die Lautstärke – auch für die Lerngruppe gilt.

⇨ *So funktioniert es:*

➢ Unterbrechen Sie den Unterrichtsgang und fragen Sie die betreffenden Schüler nach dem Grund für das Seitengespräch. – Denn: Störungen haben Vorrang.

Oder:

➢ Ignorieren Sie das Seitengespräch. – Denn: Viele Störungen bestehen aufgrund eines Wunsches nach Aufmerksamkeit und erledigen sich von selbst, wenn der Lehrer die Störungen ignoriert.

Oder:

➢ Ignorieren Sie die Störung während des Unterrichts. Sprechen Sie aber nach dem Unterricht mit den Schülern, die gestört haben! – Denn: Durch Herausnehmen der Schüler aus der Klassensituation ist Ihr Einfluss auf die Störer größer.

Oder:

➢ Unterbrechen Sie den Unterrichtsgang und bitten Sie die Störer durch ein Feedback nachdrücklich, das Seitengespräch zu beenden! – Denn: Feedbacks schaffen bei den störenden Schülern Aufmerksamkeit für das Gestörtsein des Lehrers.

⇨ *Darauf sollten Sie achten:*

➢ Stellen Sie sich bei Interventionen im Klassenraum vor die Gruppe!

➢ Zeigen Sie eine offene und stabile Körperhaltung!

➢ Schauen Sie die Schüler an!

➢ Sprechen Sie die störenden Schüler direkt und mit Namen an!

➢ Zeigen Sie ein zur Situation passendes Gesicht (Mimik)!

➢ Treten Sie bestimmt auf, und bleiben Sie trotzdem freundlich!

➢ Sprechen Sie klar, laut und deutlich!

➢ Vermeiden Sie Diskussionen!

➢ Reden Sie nach Möglichkeit nur in eine (relativ) ruhige Situation hinein!

⇨ *Beispiel:* Nebentätigkeiten

⇨ *Worum geht es?*

Zwei Schüler beschäftigen sich während des Unterrichts immer wieder gezielt mit anderen Dingen als mit dem Unterrichtsgegenstand: Die beiden Schüler lesen unter der Bank eine Zeitschrift, versuchen Walkman zu hören, programmieren ihr Handy oder schreiben SMS, sie malen in ihren Heften oder spielen unter dem Tisch Karten. Sie fühlen sich als Lehrer durch das Schülerverhalten gestört und befürchten, dieses Störverhalten könnte auch bei weiteren Schülern Anklang finden.

⇨ *So funktioniert es:*

➢ Ignorieren Sie das Schülerverhalten, solange die Schüler ruhig sind! – Denn: Viele Nebentätigkeiten werden für Schüler uninteressant, wenn man ihnen diese nicht ausdrücklich verbietet.

Oder:

➢ Stellen Sie sich unmittelbar vor die Schüler, schauen Sie diese prüfend an. Schweigen Sie dabei. – Denn: Den Schülern ist klar, was Sie wollen!

Oder:

➢ Unterbrechen Sie den Unterricht. Geben Sie den Schülern ein echtes Feedback. Sagen Sie ihnen deutlich, dass Sie sich durch ihr Verhalten gestört fühlen.

Oder (während einer Gruppenphase):

➢ Stellen Sie sich neben die Schüler und interessieren Sie sich ernsthaft für die Nebentätigkeit. – Denn: Eine gezielte Umkehrung der Schülererwartung führt zur Konfusion und diese dann dazu, die anschließende Aufforderung des Lehrers zur Korrektur des Verhaltens auch umzusetzen.

⇨ *Darauf sollten Sie achten:*

➢ Bleiben Sie gelassen und kontrollieren Sie Ihre Gefühle!

➢ Seien Sie emphatisch, wenn Sie sich für Nebentätigkeiten interessieren!

➢ Lachen Sie über den Ernst, den Sie bisher in solche Situationen hineingelesen haben! Denn: Die Schüler meinen nicht Sie!

➢ Nehmen Sie Nebentätigkeiten ernst als Ausdruck wirklichen Schülerinteresses!

⇨ *Beispiel: Verspätungen*

⇨ *Worum geht es?*

Ein Schüler kommt zehn Minuten zu spät zu Ihrem Unterricht.

➢ Ignorieren Sie das Verhalten! – Denn: Einmal ist keinmal!

Oder:

➢ Kommentieren Sie die Verspätung ironisch und mit einem Lächeln auf den Lippen. – Denn: Die Ironie schafft eine Irritation. Das Lächeln hebt die Kommentierung in gewisser Weise auf. Der Kommentar gibt dem Verhalten aber Bedeutung. Alles wirkt auf den Verspäteten und zugleich auf die Klasse verunsichernd und zugleich als warnender Hinweis: Der Lehrer könnte auf das Schülerverhalten auch nachdrücklicher reagieren. Wann und bei wem wird er es wohl tun? – Aber Achtung: Ironische Bemerkungen können auch missverstanden werden!

Oder (bei häufigen Verspätungen):

➢ Bitten Sie den Schüler nach dem Unterricht zu einem Gespräch. Fragen Sie emphatisch nach den Ursachen der Verspätungen. – Denn: Manchmal gibt es akzeptable Gründe für Verspätungen, auch für häufige Verspätungen.

Oder (bei häufigen Verspätungen):

➢ Bitten Sie den Schüler nach dem Unterricht zu einem Gespräch. Geben Sie dem Schüler den Auftrag, eine Woche lang genau aufzuschreiben, was er am Morgen nach dem Aufstehen tut. – Denn: Bewusst machen von Verhalten hilft, Fehlverhalten zu erkennen und abzustellen.

Oder (bei häufigen Verspätungen):

➢ Geben Sie dem Verspäteten ein Feedback, und weisen Sie daraufhin, dass sein Verhalten Sie stört. – Denn: Erst ein Feedback macht den Störaspekt deutlich!

⇨ *Darauf sollten Sie achten:*

➢ Tragen Sie die Namen der Verspäteten in das Klassenbuch / die Kursmappe ein.

➢ Interpretieren Sie Verspätungen von Schülern als ein Defizit in deren Sozialisation, nicht als Ausdruck einer gezielten Geringschätzung des Lehrers!

➢ Vermeiden Sie (auch in Gesprächen mit Schülern) jede Diskussion über das Fehlverhalten! Bleiben Sie ruhig und behalten Sie Distanz zum Geschehen!

➢ Hören Sie in Gesprächen mit Schülern reflektierend und aktiv zu, und vermitteln Sie zugleich klar und deutlich Ihre Zielperspektive!

➢ Pädagogische Maßnahmen dürfen vom Schüler / seinen Eltern nicht als Strafmaßnahmen verstanden werden. Begründen Sie die Maßnahmen angemessen.

Über diese Maßnahmen hinaus kann es eine gute Hilfe für Sie sein, Ihr Selbstbild zu stärken. Dazu können Sie die folgende Übung machen:

⇨ *Übung: Powerbild*

---

1. Schritt

❍ Setzen oder legen Sie sich bequem hin; schließen Sie die Augen und konzentrieren Sie sich.

❍ Stellen Sie sich vor, Sie sitzen in Ihrem Lieblingskino, sagen wir in der fünften Reihe. Sie schauen auf die Leinwand.

❍ Machen Sie sich ein inneres Bild von sich selbst; Sie sehen dieses Bild übergroß auf der Leinwand Ihres Lieblingskinos.

Das Bild auf der Leinwand zeigt Sie als jemanden,

☐ der im Vollbesitz seiner geistigen und körperlichen Kräfte ist und / oder

☐ der sich ausgesprochen wohl fühlt und / oder

☐ der ruhig, entspannt und gelassen ist und / oder

☐ der souverän ist und /oder

☐ der fähig ist, problemlos und wirkungsvoll mit Unterrichtsstörungen umzugehen.

2. Schritt

○ Genießen Sie das positive Gefühl, das das Bild auf der Leinwand in Ihnen auslöst. Lassen Sie sich Zeit dabei, die Erfahrung zu erleben.

○ Springen Sie jetzt in Ihrer Vorstellung in das Bild auf der Leinwand hinein, genau an die Stelle, an der Sie sich vorher von außen haben sehen können.

○ Erspüren Sie, wie es ist, diese positive Erfahrung ganz von innen zu erleben.

○ Wickeln Sie sich in das positive Gefühl ein wie in eine Decke, und nehmen Sie das Gefühl mit, wenn Sie jetzt aus dem Bild aussteigen und sich wieder auf den Zuschauerplatz in Ihrem Lieblingskino begeben.

3. Schritt

○ Bauen Sie in Ihrer Vorstellung eines der folgenden Bilder auf:

☐ Sie sehen vor sich einen bunten, runden, flauschigen Teppich auf dem Boden liegen.

☐ Malen Sie einen bunten Kreis auf den Boden, der etwa 2 Meter Durchmesser hat.

☐ Sie sehen vor sich ein bunt gekacheltes Schwimmbecken mit angenehm temperiertem Wasser.

☐ Sie stehen vor der bunten Tür eines fiktiven Raumes, der Sie einlädt einzutreten.

4. Schritt

○ Atmen Sie nun tief ein und – je nach Ihrem Vorgehen in Schritt 3 – führen Sie gleichzeitig in Ihrer Vorstellung eine der folgenden Bewegungen aus:

☐ Treten Sie barfuß auf den Teppich.

☐ Treten Sie in den Kreis.

☐ Springen Sie mit Badekleidung in das Wasser.

☐ Gehen Sie in das Zimmer.

5. Schritt

○ Machen Sie die Bewegung aus Schritt 4 rückgängig; legen Sie dann Ihr Powerbild an einer geeigneten Stelle in Ihrem Kopf ab. Wiederholen Sie anschließend mehrfach die Schritte 1 bis 3.

6. Schritt
❍ Beim Wiederholen von Schritt 4 sagen Sie sich, sobald Sie in Ihrer Vorstellung die Bewegung ausführen, im Geiste laut ein Codewort, das Sie mit dieser Ressource verknüpfen wollen.
7. Schritt
❍ Wiederholen Sie die Schritte 5 und 6 mindestens fünfmal.

1.6. Erklärungen für Verhaltensstörungen

Unterrichtsstörungen sind oft Ausdruck von Verhaltensstörungen. Kinder und Jugendliche gelten dann als verhaltensgestört, wenn sie im Vergleich mit anderen sozial besonders auffällig werden. Aggressionen oder das Ausweichen vor Leistungsansprüchen der Schule dienen verhaltensgestörten Heranwachsenden dazu, sich aus der **Isolation** zu befreien, in die sie durch die Verhaltensstörung mehr und mehr geraten sind. Gravierende Verhaltensstörungen gehören in die Hand von Psychiatern, Psychologen, Sozialarbeitern und Sonderpädagogen. Leichtere Fälle dagegen sollten auch von Lehrern erkannt, angemessen diagnostiziert und mit Hilfe geeigneter didaktischer Entscheidungen und zusätzlicher persönlicher Beratung gebessert werden. Wichtig ist es zu verstehen: Die vom Lehrer beobachtete Unterrichtsstörung ist im Falle verhaltensgestörter Kinder und Jugendlicher stets nur Ausdruck der hinter dieser Störung verborgenen Verhaltensproblematik. Diese muss kompensiert werden. Daher helfen hier solche Interventionen nicht oder nur sehr kurzfristig, die wir im vergangenen Kapitel vorgestellt haben.

Verhaltensstörungen können auf vielfältige Weise zeigen (vgl. Stein 2008) und viele Ursachen haben. Zur Erklärung dieser Ursachen sind vor allem psychologische Modelle hilfreich. Viele Lehrer nutzen eine Mischung aus verschiedenen wissenschaftlichen Annahmen, um konkretes Störverhalten zu erklären, das aus Lern- und Verhaltensdefiziten resultiert. An dieser Stelle beschränken wir uns auf drei gängige psychologische **Erklärungshypothesen**:

a) **die psychoanalytische**

b) **die lerntheoretische**

c) **die gesprächspsychotherapeutische**

1.6.1. Psychoanalytische Deutung: „Susanne ist nicht motiviert."

⇨ *Hinweis:*

Lesen Sie bei Bedarf zunächst den Theorieeinschub in Kapitel 2.6.2., wenn Sie zur Psychoanalyse und TZI noch keine Grundkenntnisse haben.

⇨ **Fallbeispiel: Susanne ist nicht motiviert.**

- Lesen Sie den nachfolgenden Text über Susanne.
- Bearbeiten Sie anschließend die nach der Situationsbeschreibung gestellten Fragen.
- Deuten Sie die Situation aus psychoanalytischer Sicht.
- Nennen Sie Maßnahmen, die Ihnen angesichts Ihrer Deutung des Falles angemessen erscheinen.
- Begründen Sie diese Maßnahmen.

Weiter unten lesen Sie dann unsere Deutung der Situation.

Die Situation

Susanne ist ein Sorgenkind, zumindest meinen das ihre Lehrer und ihre Eltern. Die Eltern haben einiges unternommen, um mit dem Problem fertig zu werden; aber alles scheint bisher vergeblich. Susanne ist einfach nicht zum Lernen zu motivieren.

Dabei könnte alles so einfach sein! Schuleignungstests haben längst gezeigt: Susanne ist intelligent genug, um den Ansprüchen der 7. Klasse des Gymnasiums zu genügen, in der sie jetzt ist. Doch Susanne hat keine Lust; Mathematik und Latein sind die Fächer, mit denen sie schon seit Anfang der Erprobungsstufe Schwierigkeiten hat. Diese Probleme haben sich immer weiter verschärft und gefährden jetzt ihre Versetzung.

Susanne hatte lange Zeit Nachhilfeunterricht in ihren Problemfächern; letztlich aber ohne durchschlagenden Erfolg. Die Lehrer sind davon überzeugt, dass Susanne ja könnte, wenn sie nur wollte. Aber sie will offenbar nicht.

Irgendwie sind alle ratlos, die Susanne mögen und sich bisher redlich um sie gekümmert haben. Da fällt auch manches böse und aggressive Wort: Denn Susanne will einfach nicht hören, so glauben alle. Und vielleicht kann man ja durch Appelle doch noch etwas retten.

Und Susanne? Sie scheint kein Problem mit der Situation zu haben, zumindest nicht das Problem, das ihre Eltern und die Lehrer sehen. „Wenn ich schon sitzen bleiben muss, dann bleibe ich eben sitzen", sagt sie immer wieder. Susanne mag den Stress mit ihren Eltern und mit den Lehrern überhaupt nicht; schließlich weiß sie ja von ihrer Freundin Beate, dass es gar nicht so schlimm ist, eine Klasse zu wiederholen. Im Unterricht schaltet Susanne mehr und mehr ab; sie träumt, liest Comics unter der Bank oder schreibt eine SMS an ihren Freund Tim. Sie reagiert aggressiv bis pampig, manchmal aber auch nur apathisch, wenn sie vom Lehrer auf ihr Verhalten angesprochen wird.

Und überhaupt: Susanne fühlt sich in der Lerngruppe nicht wohl, in der sie jetzt ist. Seit ihre Freundin Beate weg ist, hat sie dort eigentlich keine echte Freundin mehr; das geht ihr ganz schön an die Nieren. Susanne glaubt, dass die Schule nichts für sie sei; das Lernen mache ihr einfach keinen Spaß mehr.

Tatsächlich war dies auch mal anders: In der Grundschule war Susanne immer eine von den Besten, sie war auch erfolgreicher als Beate, mit der sie seit dem ersten Schuljahr eine Sitzbank geteilt hat. Susanne war ehrgeizig und sorgfältig, die Leistungen waren dann auch entsprechend gut. Alles Gründe, die die Eltern ganz sicher machten: Susanne gehört auf das Gymnasium.

Fragen zur Situation

➤

Wie beurteilen Sie Susannes tatsächliche Leistungsfähigkeit?	
Wie sinnvoll waren die bisherigen Maßnahmen der Eltern?	
Was bedeutet für Sie „*Susanne hat keine Lust.*"?	

Wie zeigt sich diese Lustlosigkeit wohl (zu Hause, im Unterricht, unter Freunden)?	
Wie unterscheidet sich Susannes Sicht von der ihrer Eltern? Wie erklären Sie sich diese Unterschiede?	
Welche Rolle spielt für Susanne ihre Freundin Beate?	
Wie schulmüde ist Susanne insgesamt? Woran liegt das Ihrer Meinung nach?	
Welche Maßnahmen können bei Schulmüdigkeit sinnvoll sein?	

Ihre Deutung aus psychoanalytischer Sicht

Ihre Maßnahmen (inkl. Begründung)

Und so deuten wir die Situation

Susannes Problem liegt nicht auf der intellektuellen Ebene. Die Erfahrungen in der Grundschule, die Berichte ihrer jetzigen Lehrer und die Ergebnisse der Schuleignungstests zeigen: Susanne kann intellektuell den Ansprüchen des Gymnasiums genügen. Dennoch klappt es nicht. Wo liegt das eigentliche Problem?

Susannes Motivation scheint stark extrinsisch, also von außen geleitet zu sein. Das Ziel, in Mathematik besser zu werden, scheint allein nicht auszureichen, um eine Verhaltensänderung herbeizuführen. Aber auch ein erwartbares Lob der Eltern scheint nicht zu genügen, um eine Veränderung in Susannes Verhalten zu erzeugen. Psychoanalytisch bedeutet dies: Susannes Überich steuert nicht hinreichend ihr Verhalten. Sie ist in dieser Situation eher desorientiert. Wie kommt es dazu?

Offenbar spielt Susannes Freundin Beate eine wesentliche Rolle in dem Spiel: Beate ist Susannes beste Freundin, zugleich aber konnte sich Susanne immer auch von Beates Leistungen abheben. Das in jedem Menschen angelegte Bedürfnis nach Überlegenheit war so für Susanne leicht und direkt zu befriedigen. Die Möglichkeit, besser als andere zu sein, die damit verbundene Freude und Macht, das Gefühl, etwas wert zu sein und aufgrund der erbrachten Leistung eine soziale Bedeutung zu haben, all das existiert für Susanne nicht mehr. Die Möglichkeit, diese Bedürfnisse zu befriedigen, scheint für Susanne vertan, seit Beate die Klasse verlassen musste. Seither hat Susanne Schwierigkeiten, den Anschluss zu finden. Die Perspektivlosigkeit im Blick auf die angestrebte Bedürfnisbefriedigung lässt sie passiv werden. So geht sie möglichen Frustrationen aus dem Wege. Ihre Leistungen in den von Anfang an problematischen Fächern Mathematik und Latein werden dadurch aber zu einem wirklichen Problem, das sie bald nicht mehr beherrschen kann.

1.6.2. Theorieeinschub: Psychoanalyse / Themenzentrierte Interaktion (TZI)

Die **Psychoanalyse Freuds** (1992; 1994a) beschreibt die Persönlichkeit mit Hilfe von drei Instanzen: **Es, Ich und Überich (Psychischer Apparat)**. Das Es ist hinsichtlich der Persönlichkeitsentwicklung die älteste Instanz; in ihr sind die Triebe, Bedürfnisse und Affekte des Menschen lokalisiert. Im Laufe der Persönlichkeitsentwicklung entstehen aus dem Es das Ich und das Überich. Das Überich ist (vereinfacht gesagt) das Gewissen des Menschen; das Überich repräsentiert die Norm- und Wertvorstellungen, die Menschen durch Erziehung erwerben und verinnerlichen. Es ist als moralische Instanz im Menschen Gegenspieler des Es. Das Ich ist die weitgehend bewusste Instanz, die kritisch-rational abwägen kann zwischen den Ansprüchen des Es und denen des Überichs. Die Vermittlung dieser Ansprüche orientiert sich stets an den Erwartungen, die die Realität an das Individuum stellt, und ist daher nicht dogmatisch. Ziel dieser Vermittlungsarbeit ist ein Ausgleich der inneren Konflikte mit dem Ziel eines seelischen Gleichgewichts.

Aus psychoanalytischer Sicht hält die reife, **ichstarke Persönlichkeit** eine Balance zwischen den Ansprüchen des eigenen Gewissens (Überich) und den persönlichen Bedürfnissen und Trieben (Es). Das Ich als handelnde und reflektierende Instanz zeigt seine Stärke in einem Handeln, das der Realität angemessen Rechnung trägt. Jeder unbalancierte Zustand innerhalb des Selbsts führt zu problematischen Reaktionen: Überichstarke Personen neigen überdurchschnittlich häufig zu Gehorsam, Passivität und überzogenem Anpassungsverhalten. *Es*starke Menschen dagegen sind eher lustbetont, intuitiv, spontan und geben ihren aktuellen Bedürfnissen schneller und intensiver nach als stärker am Überich orientierte Menschen.

Ein **Übergewicht des Überichs oder des Es** bei Schülern kann zu Verhaltensmustern führen, die sich auch in Unterrichtsstörungen äußern können. Werden zum Beispiel Schüler mit einem starken Überich zu wenig geleitet, entwickeln sie schnell Ängste und werden übervorsichtig. *Es*starke Schüler können durch Lenkung und Orientierung schnell die Lust am Lernen verlieren und aggressiv werden. Auch Lehrer können unter dieser Perspektive Störfaktoren werden: Überichstarke Lehrer neigen eher zu geschlossenen, sicheren und gelenkten Unterrichtsformen, während esstarke Lehrer mitunter Tendenzen zum Laissez-faire-Stil erkennen lassen.

Aus psychoanalytischer Sicht liegen die **Ursachen für Verhaltensprobleme** in der frühen Kindheit (**frühkindliche Fixierung**). Die Ursachen der Probleme sind für den Betroffenen unbewusst und bleiben es auch aufgrund von Verdrängungs- und Widerstandsmechanismen. Die **Aufgabe der Psychoanalyse** ist es, durch systematisches Aufarbeiten der verdrängten Inhalte diese wieder bewusst zu machen. Die so wieder bewussten Inhalte müssen danach aufgearbeitet und können damit endgültig verarbeitet werden. Nicht die in der Gegenwart des Betroffenen erkennbaren Symptome werden also behandelt, sondern die den Symptomen zugrunde liegenden Ursachen. Dabei schließt der Therapeut von der Symptomatik auf mögliche Ursachen; er interpretiert also (z. B. durch Traumdeutung) das Symptombündel. Die bloße Behandlung der äußeren Symptomatik eines problematischen Verhaltens würde aus der Perspektive der Psychoanalyse nur zu weiteren Problem-Symptomen führen. Die Problemlage würde dadurch also nicht gelöst, sondern allenfalls würde das Symptom verschoben. Dies kann dazu führen, dass sich das Problem noch stärker maskiert und entsprechend schwieriger aufzufinden ist (vgl. Freud 1994a; 1994b; vgl. zur Weiterentwicklung auch Adler 2006).

Im quasi-pädagogischen Raum hat vor allem **Ruth Cohn** in ihrem **Konzept der Themenzentrierten Interaktion (TZI)** Gedanken der Psychoanalyse aufgenommen und für die Erziehungs- und Unterrichtsarbeit fruchtbar gemacht (2009, 111ff.). Ansätze der TZI finden sich auch in der **lehrtheoretischen Didaktik** von W. Schulz (2002). R. Cohn nennt drei Faktoren, die die Interaktion von Gruppen strukturieren:
- Das **Ich** = das einzelne Gruppenmitglied mit all seinen Persönlichkeits- und Erfahrungsmerkmalen (psychologische Dimension)
- Das **Wir** = die Lern- oder Arbeitsgruppe mit all ihren internen Beziehungsmustern, auch im Verhältnis zum Ich (gruppentherapeutische Dimension)
- Das **Es** = das Thema mit all seinen inhaltlichen und didaktisch-intentionalen Facetten (akademisch-kognitive Dimension)

R. Cohn sieht diese drei Faktoren als interaktiv miteinander verbundene Eckpunkte eines gleichseitigen Dreiecks, das seinerseits in eine Kugel eingefügt ist. Diese Kugel repräsentiert die **Umgebung**, die historisch-gesellschaftliche Umwelt, in der die Gruppe zusammenkommt.

Aufgabe des Gruppenleiters und damit der gesamte Gruppe ist es, die **Balance** zu halten **zwischen Es, Ich und Wir**. Die „Interessen" der drei Faktoren müssen zur Geltung gebracht und doch zugleich auch relativiert und aufeinander bezogen werden. Das Ziel ist die Zufriedenheit des Einzelnen in der Gruppe und mit dem Thema. Aus drei anthropologischen Axiomen (Autonomie des Menschen, Ehrfurcht vor allem Lebendigen, Entscheidungsfreiheit innerhalb von Grenzen) leitet Cohn zwei **Postulate** und neun **Hilfsregeln** ab, die für die Teilnehmer interaktioneller Gruppen als Richtschnur gelten können (s. u. und ausführlicher 2009, 120ff.).

Postulate der TZI

❖ **Sei der Herr deiner selbst und deines eigenen Tuns!**

Nehmen Sie sich selbst und andere bewusst wahr. Suchen Sie nach Ihren eigenen Möglichkeiten und Grenzen. Respektieren Sie die Möglichkeiten und Grenzen anderer Menschen. Sorgen Sie dafür, dass Sie selbst und die anderen ihren Weg des Wachstums und der Entwicklung weitergehen können.

❖ **Störungen haben Vorrang!**

Achten Sie bei sich und den anderen auf Störungen, die den Gruppenprozess behindern oder sogar blockieren. Gehen Sie auf diese Störungen ein, besprechen Sie diese in der Gruppe. Wenden Sie sich erst dann wieder dem Thema zu, wenn Sie die Störungen bei sich und bei anderen erfolgreich bearbeitet haben.

Drei wichtige HILFSREGELN

der TZI

⇨ **Verwende Ich-Botschaften!**

Sagen Sie stets, was Sie denken und fühlen. Vermeiden Sie Stellvertreter wie „wir" oder „man". Stehen Sie zu dem, was Sie sind, wie Sie denken und was Sie fühlen. Und stellen Sie sich den Reaktionen der anderen Gruppenmitglieder.

⇨ **Sei du selbst und überlege,**

   was du wann auf welche Weise sagst!

Bleiben Sie sich in Ihrer Kommunikation treu. Seien Sie mit sich identisch in Ihrem Fühlen, Denken und Sagen. Prüfen Sie, was Sie in welcher Situation sagen. Behalten Sie Ihr Interesse und das der Gruppe am produktiven Arbeiten im Auge.

⇨ **Vermeide Verallgemeinerungen**

   und Interpretationen!

Bleiben Sie bei der Sache und am Detail, um den Gruppenprozess zu befördern. Nehmen Sie bewusst wahr, was die anderen sagen und tun. Vermeiden Sie Deutungen; sie sind oft nicht wahr und fordern Widerspruch heraus.

Im Rahmen schulischen Unterrichts könnten die Postulate und Hilfsregeln der TZI Maßgaben sein für den Ablauf der kommunikativen Interaktion in der Lerngruppe. Dazu müssen vor allem die Regeln systematisch eingeführt und trainiert werden.

1.6.3. Lerntheoretische Deutung: „Peter ist aggressiv."

⇨ *Hinweis:*

Lesen Sie zunächst den Theorieeinschub 2.6.4., wenn Sie über behavioristische Lerntheorien, über Verhaltenstherapie oder über RET noch zu wenig wissen.

⇨ ***Fallbeispiel: Peter ist aggressiv.***
- Lesen Sie den nachfolgenden Text über Peter.
- Bearbeiten Sie anschließend die nach der Situationsbeschreibung gestellten Fragen.
- Deuten Sie die Situation aus der Sicht der Lerntheorie.
- Nennen Sie Maßnahmen, die Ihnen angesichts Ihrer Deutung des Falles angemessen erscheinen.
- Begründen Sie Ihre Maßnahmen.

Weiter unten lesen Sie dann unsere Deutung der Situation.

Die Situation

Peter ist 16 Jahre alt; er ist ein Junge, der fast jedem Lehrer sofort auffällt: Peter kann nicht still sitzen, er kann sich nur selten und dann nur für kurze Zeit konzentrieren; er schwätzt im Unterricht oft oder malt manchmal wirre Linien in sein Hausheft. Und Peter hat Probleme, sein Verhalten zu kontrollieren, wenn er von seinen Mitschülern „angemacht" wird.

Eine Situation von vielen: Peter hat eine handgreifliche Auseinandersetzung mit Susanne. Die beiden haben sich geschlagen; dabei hat sich Susanne leicht am Kopf verletzt. Was war geschehen? Susanne hatte Peter wieder einmal mit seinem Spitznamen „Rolli" gehänselt und damit auf Peters Leibesfülle angespielt. Peter kennt das: Schon seit der Grundschule haben ihn seine Mitschülerinnen und Mitschüler damit aufgezogen, weil er ein paar Pfund mehr wiegt als der Durchschnitt. Dabei ist Peter durchaus sportlich und kann sich besser bewegen als mancher, der dem aktuellen Sportideal mehr entspricht.

Doch Peter ist unglücklich über die dauernde Hänselei; sie nervt ihn und er fühlt sich dadurch als Außenseiter. Er brüllt in die Klasse, wenn ihn die Mitschüler während des Unterrichts beleidigen. Auch Gespräche mit dem Klassenlehrer haben nicht dazu geführt, das Problem abzustellen. Die Mitschüler machen einfach weiter. Spricht man Peter auf sein aggressives Verhalten Susanne gegenüber an, reagiert er zunächst sauer: „Die hat wieder meinen Spitznamen an die Tafel geschrieben. Das mag ich einfach nicht. Die hat doch selber Schuld, wenn sie dann etwas abkriegt."

Im weiteren Verlauf solcher Gespräche ändert sich Peters Stimmung oft schlagartig: Ist er zunächst wütend, zeigt er sich dann plötzlich extrem sensibel; er fängt an zu weinen und beklagt sich unter Tränen: „Die verstehen mich alle nicht; das ist schon seit der Grundschule so. Ich möchte doch auch dazugehören." Die Lehrer haben ihre Schwierigkeiten mit solchen Situationen. Was sollen sie tun? Sie bemühen sich darum, einen Ausgleich zwischen Peter und Susanne herzustellen, versuchen zu erreichen, dass sich die beiden gegenseitig entschuldigen und versprechen, dass sie in Zukunft untereinander Frieden halten werden. Die Erfahrung zeigt aber, dass dieser Frieden meist nicht von langer Dauer ist. Immer wieder hört man, dass Peter durch gewalttätiges Verhalten auffällt.

Auch das Gespräch mit Peters Eltern hat wenig weitergeführt. Peters Eltern können nicht verstehen, dass Peter sich in der Schule so aggressiv verhält. Zuhause sei dies ganz anders; Peter habe noch einen älteren Bruder, mit dem er sich außerordentlich gut verstehe. Die beiden seien ein Herz und eine Seele; Streit gebe es unter den beiden eigentlich nie. „Vielleicht liegt es doch an der Klassengemeinschaft", mutmaßen die Eltern; einen Rat wissen aber auch sie nicht.

Fragen zur Situation

Wie glaubwürdig erscheinen Ihnen die Aussagen von Peters Eltern?	
Wie schätzen Sie die Situation in Peters Elternhaus ein?	

Welche Rolle spielen Peters Mitschüler bei der Sache?	
Welche Wirkung hat die Hänselei auf Peter?	
Wie kommt es bei Peter zu den aggressiven Ausbrüchen?	
Wie erklären Sie sich den raschen Stimmungsumschwung bei Peter: Zunächst wütend, dann traurig?	
Wie verändert die Situation mittel- und langfristig Peters Selbstbild?	

An welchen Stellen würden Sie Peters Eltern mit in den Prozess einbeziehen?	
Für wie sinnvoll halten Sie es, mit Peter ein Verhaltenstraining durchzuführen?	

Ihre Deutung aus lerntheoretischer Sicht

Ihre Maßnahmen (inkl. Begründung)

Und so deuten wir die Situation

Peter fühlt sich durch das Verhalten seiner Mitschüler offenbar in die Enge getrieben: Er möchte „dazugehören", dies gelingt ihm aber nicht ohne weiteres. Die Mitschüler grenzen ihn vielmehr aus, indem sie Peter mit seinem Spitznamen rufen und Spaß daran haben, ihn so zu provozieren.

In solchen Situationen versucht Peter dann, sein Selbstbewusstsein zu retten, indem er zuschlägt. Auf diese Weise kann er der Sieger bleiben, während alle anderen Versuche, sich mit der Gruppe zu arrangieren, bisher fehlgeschlagen sind. Sieger zu bleiben verstärkt also Peters Annahme, dass aggressives Verhalten erfolgreich ist. Dies wiederum erhöht die Wahrscheinlichkeit, dass Peter in ihn bedrängenden Situationen immer wieder aggressiv reagiert. Möglicherweise hat er zudem aggressive Vorbilder, deren Verhalten er nachahmt. Hier ist sowohl an Mitschüler als auch an Film- und TV-Helden oder an Erfahrungen mit PC-Spielen zu denken.

Vor diesem Hintergrund erklärt sich auch Peters rascher Stimmungsumschwung, wenn er auf die Problemsituation hin angesprochen wird. Die erste Reaktion ist Wut; sie resultiert aus seinem Selbstverständnis sich wehren zu müssen. Bei genauerem Überlegen aber versteht Peter sehr wohl, dass sein Verhalten sozial inakzeptabel ist und im Grunde abgelehnt wird. Sein Ziel kann er durch aggressives Auftreten letztlich nicht erreichen. Seine Mitschüler werden ihn mit diesem Verhalten nur schwer akzeptieren können. Diese Feststellung wiederum macht Peter dann so traurig, dass er sogar zu weinen beginnt. Allerdings gibt es für ihn bisher keinen Ausweg aus dem Dilemma: Der soziale Nutzen des aggressiven Verhaltens überwiegt für ihn gegenüber dem sozialen Nachteil; so wird Peter das gelernte Verhalten fortsetzen.

1.6.4. Theorieeinschub: Behavioristische Lerntheorien / Verhaltenstherapie / Rational-emotive Therapie (RET)

Die **Lerntheorie** geht auf die wissenschaftlichen Annahmen des **Behaviorismus** zurück. Behaviorismus und Psychoanalyse unterscheiden sich grundlegend: Der Behaviorismus versteht sich im Gegensatz zur Psychoanalyse als empirisch-analytische Wissenschaft; der Behaviorismus entwirft also aus Tatsachenerfahrungen und deren Analyse und Bewertung ein Modell der Wirklichkeit. Die Aussagen dieses Welt- und Wirklichkeitsmodells müssen intersubjektiv überprüfbar sein. Dies erreicht der klassische Behaviorismus, indem er sich (anders als die Psychoanalyse) ausschließlich auf äußerlich wahrnehmbare Aspekte psychischer Prozesse konzentriert.

Der Organismus, die menschliche Persönlichkeit mit all ihren Facetten, wird im Behaviorismus als **Black Box** verstanden. In diese Box kann der Psychologe nicht hineinschauen. Die Vorgänge in der Box bleiben ihm grundsätzlich verborgen, daher muss und darf er sich mit ihnen nicht beschäftigen. Interessant sind für den Behavioristen nur die Reize, die auf den Organismus ausgeübt werden (**Input**), und die darauf folgenden Reaktionen (**Output**). Aus dieser verengten Sicht ergeben sich problematische Perspektiven im Blick auf das zugrunde liegende **Menschenbild**: Der Behaviorist muss im strengen Sinne eine Determination des Menschen annehmen und darf Freiheit nicht mehr postulieren. Moderne Modelle des Behaviorismus sind weniger festgelegt; sie nehmen durchaus Variablen zwischen den Reizen und den resultierenden Reaktionen an. Dadurch wird in der Argumentation ein Spielraum für die Annahme von Freiheit geschaffen, eine wichtige Voraussetzung, ohne die beispielsweise pädagogische Interventionen ihren Sinn verlören.

Im klassischen Behaviorismus unterscheidet man zwischen drei Lernmodellen:
- **Klassisches Konditionieren (Pawlow)**
- **Operantes Konditionieren (Skinner)**
- **Modelllernen (Bandura)**

Beim **klassischen Konditionieren** (Pawlow 2006) werden unbedingte (ungelernte) Reize mit neutralen Reizen verknüpft. Eine mehrfache Wiederholung dieser Verknüpfung führt dazu, dass der ursprünglich neutrale Reiz zu einem bedingten (gelernten) Reiz wird. Dieser bedingte Reiz löst dann jenen bedingten Reflex aus, der ursprünglich dem unbedingten Reiz folgte. Dieser Reflex wird am Ende des Lernprozesses bedingte Reaktion genannt.

Operantes Konditionieren ermöglicht komplexere Lernprozesse als das klassische Konditionieren (vgl. O'Donohue / Ferguson 2001). Außerdem kann das Modell des operanten Konditionierens auch jene Reaktionen des Menschen erklären, die nicht an vorgegebene Reize gebunden sind, sondern sich spontan und zufällig ergeben. Durch operantes Konditionieren wird das Individuum ein bestimmtes Verhalten häufiger zeigen, indem es lernt, dass dem gewünschten Verhalten ein verstärkender Reiz folgt. Der **Verstärker** ist über seine Wirkung definiert, die Auftretenswahrscheinlichkeit des gewünschten Verhaltens zu erhöhen. Es gibt positive und negative Verstärker: Positive Verstärker wirken durch ihr Auftreten; negative Verstärker wirken dagegen durch den Umstand, dass sie phasenweise nicht auftreten. Verstärker müssen grundsätzlich von Strafen unterschieden werden: **Strafen** erhöhen nicht die Auftretenswahrscheinlichkeit des gewünschten Verhaltens, sondern sie unterdrücken ein nicht gewünschtes Verhalten.

Ein besonderes Problem der Verstärkung liegt in der Frage, wie gewünschte Reaktionen aufrechterhalten werden können. Man unterscheidet zwischen regelmäßiger und intermittierender Verstärkung. **Regelmäßige Verstärkung** ist geeignet und notwendig, wenn ein Verhalten aufgebaut wird. Die Anfangsphase birgt beim Lernenden die Gefahr eines zu raschen Abwendens vom Lernprozess, wenn das gewünschte Verhalten nicht fortlaufend verstärkt wird. In späteren Phasen des Lernens (Internalisierung) reicht **intermittierendes Ver-**

stärken. Allerdings: Man sollte darauf achten, dass der Zeitpunkt der Verstärkung vom Lernenden nicht kalkuliert werden kann. Berechenbare Verstärkung führt nämlich unmittelbar nach der Verstärkung zu einem Abnehmen der Häufigkeit, das gewünschte Verhalten zu zeigen. Unkalkulierbar bleibt der Zeitpunkt der Verstärkung für den Lernenden dann, wenn einmal die Zeitabstände zwischen den Verstärkungsphasen variabel gewählt werden. Außerdem sollte man die Anzahl der positiven Reaktionen variieren, nach denen eine Verstärkung erfolgt.

⇨ *Bevor Sie weiterlesen:*

• Lehrer nutzen im Unterricht sehr häufig Lob als Verstärker.
• Wie müssten Sie loben, damit Ihr Lob eine möglicht große Wirkung hat?

Mit Hilfe des operanten Konditionierens lassen sich komplexe und neue Verhaltensweisen nur schwer und mit großem Zeitaufwand vermitteln. Durch unmittelbare Nachahmung (Imitation) werden allerdings solche Verhaltensmuster, ganze Verhaltensketten, vergleichsweise leicht übernommen. Beim **Imitationslernen** müssen bestimmte **Voraussetzungen** gegeben sein, damit der Lernprozess optimal funktioniert: So muss der Lernende für den Lernprozess motiviert sein und grundsätzlich die Fähigkeiten besitzen, das beobachtete Verhalten auszuführen. Hierzu gehören sowohl motorische Fähigkeiten als auch die Fähigkeit, das zu lernende Verhalten aufmerksam wahrzunehmen. Auch sind Eigenschaften des Modells wichtig für das Gelingen des Lernprozesses: Geschlecht, Alter, soziale Stellung spielen hier z. B. ebenso eine Rolle wie die Beziehung und die Ähnlichkeit, die das Modell mit dem Lernenden hat. Der Erfolg des Lernprozesses ist ferner abhängig davon, ob das Modell für das gezeigte Verhalten bestraft oder belohnt wird. Außerdem werden psychische Rahmenbedingungen des Lernenden dessen Bereitschaft und Fähigkeit zum Lernen beeinflussen.

Bandura (1976) konnte in einer Reihe von Versuchen zeigen, dass sehr komplizierte Verhaltensweisen eher wenig nachgeahmt werden. **Aggressive Verhaltensmuster** werden dagegen häufig übernommen. Dabei imitieren Jungen aggressive Modelle mehr als Mädchen. Diesen Unterschied kann man in gewissem Umfang durch eine unterschiedliche Sozialisation von Jungen und Mädchen erklären. Sowohl Jungen als auch Mädchen ahmen ein aggressives

Modell intensiver nach, wenn sie selbst dafür belohnt (positiv verstärkt) werden. Bleibt die Belohnung für den Lernenden aus, ist das Maß an Nachahmung aggressiven Verhaltens abhängig davon, ob die Modellperson für ihr Verhalten bestraft oder belohnt wird. Am Rande sei darauf hingewiesen, dass das Entstehen von Aggression nicht allein über das Prinzip des Modelllernens erklärbar sein dürfte (vgl. Nolting 2005b u. unten).

⇨ *Bevor Sie weiterlesen:*

- Welche Wirkung hätte es aus Sicht des Modelllernens auf Schüler, wenn Sie als Lehrer aggressives Verhalten zeigten? Wie weit würden Sie in dem Fall als Modell akzeptiert? Welche Bedeutung hätte Ihr Verhalten für den Aufbau einer positiven Lernbeziehung zu den Schülern?

- Eine weitere Erklärung zur Entstehung aggressiven Verhaltens liefert die **Frustrations-Aggressions-Hypothese**. Danach ist Aggression immer als Folge einer Frustration zu verstehen. Jede Frustration löst auch eine Aggression aus. Was halten Sie von dieser Erklärung aggressiven Verhaltens?

• Erinnern Sie sich an aggressive Verhaltensweisen Ihrer Schüler. Inwieweit könnten Sie diese mit Hilfe der Frustrations-Aggressions-Hypothese erklären?

Die Lernmodelle des Behaviorismus sind allgemein gut erforscht, die Ergebnisse empirisch gesichert. Die auf den Lerntheorien basierende (kognitive) **Verhaltenstherapie** (Verhaltensmodifikation) hat daher gute Erfolge. Verhaltenstherapeuten nehmen (anders als Psychoanalytiker) die erkennbaren Symptome eines Problemverhaltens als Ergebnis fehlgesteuerter Lernprozesse, die zu unangepasstem Verhalten führen und daher dem betroffenen Menschen akute Probleme bereiten. Die Ursachen solcher Fehlsteuerungen werden in der Gegenwart des Betroffenen lokalisiert; Heilungen sind möglich durch eine konsequente Behandlung der Symptomatik.

*Hinweis: Das relativ neue Lern- und Therapiekonzept des **NLP** (Neurolinguistisches Programmieren) bezieht sich in wichtigen Grundannahmen auch auf Techniken der Verhaltenstherapie, ohne darin allein aufzugehen. Die vom NLP initiierten Änderungen der subjektiven Landkarten der Ratsuchenden sind jedoch letztlich stets Versuche, gelernte, aber wenig nützliche Verhaltensmuster aufzuspüren, mit allen Sinnen verfügbar zu machen und danach zu ändern (= neu zu programmieren) (vgl. Bandler / Grinder 2005a; Mohl 2006; Grochowiak 2007).*

Im Rahmen einer Verhaltensanalyse muss für eine erfolgreiche **Behandlung** das Problemverhalten möglichst präzise operationalisiert werden. Der genauen Analyse folgen die Zielplanung und eine darauf abgestimmte Wahl der geeigneten Methode. In der Regel wird der Verhaltenstherapeut zwei Verfahren nutzen:
  ▪ **systematische Desensibilisierung**
  ▪ **assertives Training**
Die **systematische Desensibilisierung** macht sich vor allem die Konditionierungstechniken zunutze. Der Klient wird mit den gelernten (konditionierten) Reizen konfrontiert, zugleich aber daran gehindert, die gelernte Reaktion (z. B. Angst) zu zeigen. Dazu verwendet man das Prinzip der reziproken Hemmung. Der Klient wird nachhaltig entspannt (z. B. durch Autogenes Training), bevor man ihm die konditionierten Reize anbietet. So ist der Organismus nicht in der Lage, die gelernte Reaktion auszuführen, zumindest wird sie abgemildert. Dadurch bekommt der Klient das Gefühl, der konditionierten Reaktion gegenüber nicht mehr hilflos zu sein. Er traut sich eher zu, die konditionierte Reaktion zu

beherrschen (z. B. gelassener statt mit Angst zu reagieren). Der Vorgang der Desensibilisierung wird (wie beim Konditionieren) üblicherweise einige Male wiederholt, bevor die konditionierte Reaktion gelöscht ist und der Klient sich gegenüber den ursprünglich konditionierten Reizen neutral verhalten kann. (vgl. Trautmann 2004).

Die (kognitive) Verhaltenstherapie setzt beim Ablauf der Behandlung wenig auf die persönlichen Beziehungen zwischen Klient und Therapeut; hierin unterscheidet sie sich klar sowohl von der Psychoanalyse als auch von der Gesprächspsychotherapie. Dies gilt aber im Wesentlichen für die klassische Lehre der Verhaltensmodifikation. Heutzutage verwenden viele Verhaltenstherapeuten während der Behandlung ihrer Klienten zugleich Mittel der Gesprächspsychotherapie oder des NLP (s. Kap. 4.3.3.) und stützen sich gleichzeitig oft auch auf die kognitiven Elemente der **Rational-emotiven Therapie** (RET), die vor allem von A. Ellis entwickelt wurde (2007; s. a. Ellis / Hoellen 2004). RET sieht (anders als Alltagstheorien und ähnlich wie das NLP) die Probleme eines Patienten (Lernenden) als Folge von dessen Fehlinterpretationen (Gedanken) äußerer Ereignisse (s. Abbildung auf der folgenden Seite).

Die unpassenden (z. T. irrationalen) Gedanken, Bewertungen und Überzeugungen evozieren die analogen Gefühle, nicht also die Ereignisse selbst. Diese negativen (unangemessenen) Gefühle wiederum sind das, was der Lernende (Klient) als unangenehm empfindet. Sie zu beherrschen und zu beseitigen ist das Ziel der (Selbst)Therapie. Die Therapie geschieht über eine rationale (kognitive) **Selbst-Analyse** und schließlich über die Veränderung der Deutungen des Ereignisses. Bei diesem Vorgang werden oft Techniken des Konditionierens sowie des Modelllernens eingesetzt. Durch die dann neue Sicht der Dinge, also durch die andere Perspektive werden für den betroffenen Menschen die ursprünglich problematischen Gefühle überflüssig; andere Gefühle stellen sich ein; das Problem ist für den Menschen behoben (Walen / DiGiuseppe / Wessler 2005).

Beim **assertiven Training** geht es um den **Aufbau sozial-kommunikativer Kompetenzen** in schwierigen privaten und beruflichen Situationen. Das assertive Training wird als Gruppentraining durchgeführt. Ziel des Trainings ist es zu lernen, auch in durch einen Konflikt belasteten Situationen sozial angemessen zu handeln. Zu einem solchen angemessenen Verhalten in Konfliktsituationen gehört einmal die Fähigkeit, seine Bedürfnisse und Interessen und damit sich selbst als Person angemessen darzustellen. Weiterhin ist das Ziel erreicht, wenn man sich emphatisch in andere Menschen hineinversetzen und diese und deren Anliegen verstehen kann. Schließlich gehört dazu, die eigenen Vorstellungen angemessen, aber doch konsequent zu vertreten, stets aber ohne andere Menschen zu beleidigen oder auf andere Weise zu verletzen. Das assertive Training ist als **pädagogisch-therapeutisches Rollenspiel** angelegt. Der Klient kann persönliche Lebenssituationen nachspielen und dabei auf Verhaltensmuster rekurrieren, die ihm der Therapeut oder aber andere Gruppenmitglieder vorgespielt haben. Das Imitationslernen wird also systematisch genutzt, um das neue (sozial angepasste) Verhalten einzuüben. Parallel dazu werden Verstärker verwendet, um die Auftretenswahrscheinlichkeit des gewünschten Verhaltens nachhaltig zu erhöhen und so das neue Verhalten zu internalisieren.

Wie Gefühle entstehen

A. Alltagstheorie der Gefühle

B: Gefühlstheorie nach RET

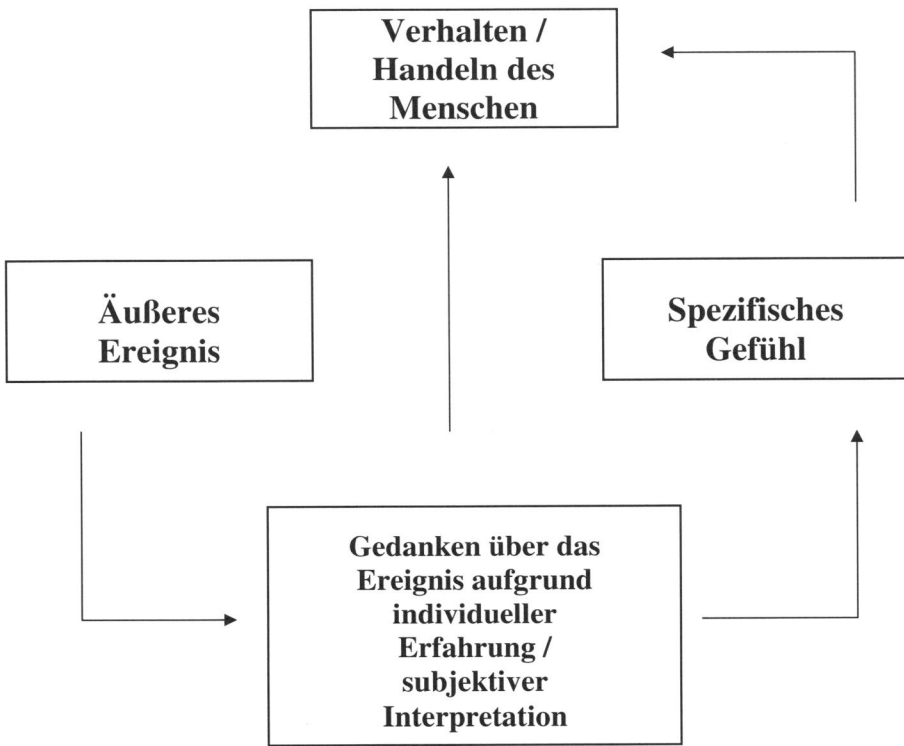

1.6.5. Gesprächspsychotherapeutische Deutung: „Claudia hat Angst."

⇨ *Hinweis:*

Lesen Sie bei Bedarf zunächst den Theorieeinschub in Kapitel 2.6.6., wenn Sie zurzeit noch keine Grundkenntnisse über Gesprächspsychotherapie haben.

⇨ **Fallbeispiel: Claudia hat Angst.**

- Lesen Sie den nachfolgenden Text über Claudia.
- Bearbeiten Sie anschließend die nach der Situationsbeschreibung gestellten Fragen.
- Deuten Sie die Situation aus der Sicht der Gesprächspsychotherapie.
- Nennen Sie Maßnahmen, die Ihnen angesichts Ihrer Deutung des Falles angemessen erscheinen.
- Begründen Sie Ihre Maßnahmen.

Weiter unten lesen Sie dann unsere Deutung der Situation.

Die Situation

Es gibt Schüler, die im Unterricht immer interessiert sind, die sich aktiv beteiligen und deren Leistungen nur positiv zu bewerten sind. Claudia ist eine solche Schülerin. Ihre Mitarbeit ist herausragend; ihre Lehrer halten sie für sehr intelligent.

Doch da gibt es ein Problem: Claudia scheint wie ausgewechselt, wenn sie vor der Klasse steht und zum Beispiel ein Referat vortragen muss. Claudia kennt den Stoff zwar gut, den sie präsentieren möchte. Dennoch läuft sie rot an, stottert. Und: Ihre Mitschüler fangen an zu lachen. Der Lehrer hat Mühe, die Klasse in solchen Situationen unter Kontrolle zu halten. Claudias Mitschüler reagieren emotional und fangen sofort an, miteinander zu sprechen. Es wird laut.

Eltern und Lehrer sind sich unschlüssig und zugleich besorgt: Was geht hier vor? Weshalb reagiert Claudia bei Präsentationen so ungewöhnlich? Sollte sie vielleicht für die Referate doch nicht hinreichend vorbereitet sein? Natürlich war das die erste Vermutung. Aber schon nach kurzer Prüfung stellte sich heraus: Das ist nicht das Problem. Im Gegenteil: Claudia lernt und übt vor den Referaten mehr, als es bei ihrem Leistungsvermögen nötig wäre.

Claudias Klassenlehrer hat dann vorgeschlagen, Claudia zum Beratungslehrer zu schicken. Claudia war mit dieser Maßnahme einverstanden. Die Gespräche mit dem Beratungslehrer brachten folgendes Ergebnis: Claudia kommt oft an solchen Tagen mit Kopfschmerzen und Magenbeschwerden in die Schule, an denen sie ein Referat halten soll. Sie fühlt sich während der Vorträge sehr unwohl und spürt, wie ihr Körper ihr nicht mehr gehorcht: Ihr Herz beginnt wie wild zu schlagen; sie kann sich nicht mehr richtig konzentrieren; sie fängt an zu schwitzen. Das Resultat: Das Referat wird ein Desaster!

Fragen zur Situation

Wie beurteilen Sie Claudias Bemühen, vor den Arbeiten besonders viel zu lernen?	
Welchen Nutzen hat dieses Verhalten für Claudia? In welchem Maße schadet es ihr?	
Wie genau kommt Claudias Unwohlsein schon vor dem Referat zustande?	
Welche Rolle spielen die Schule und das Elternhaus beim Zustandekommen von Claudias Problemen? Begründen Sie Ihre Auffassung.	
Für welche Ihrer Schüler trifft das Problem zu, das Claudia hat?	

Woran genau haben Sie das erkannt?	
Wie reagieren Sie auf diese Schüler und ihr Problem?	
Warum verhalten Sie sich diesen Schülern gegenüber gerade so, wie Sie es tun?	

Ihre Deutung aus gesprächspsychotherapeutischer Sicht

Ihre Maßnahmen (inkl. Deutung)

Und so deuten wir die Situation

Claudia hat Angst vor Referaten. Sie erlebt sich in der Vortragssituation besonders herausgehoben; alle starren sie an, so glaubt sie. Sie hat das Gefühl, dass so die Ansprüche an sie über das übliche Maß hinaus steigen. Dadurch fühlt sie sich überfordert und versagt. Angst kann man hinsichtlich der physiologischen Begleiterscheinungen den Stressreaktionen zuordnen. Herzjagen, Pulsbeschleunigung, höhere Atemfrequenz und vermehrte Adrenalinausschüttung sind ebenso typische Angstsymptome wie die affektiven Komponenten Nervosität, Aggressivität und Schwindel sowie kognitive Aspekte wie Unkonzentriertheit, Vergesslichkeit oder Leistungsschwäche (vgl. auch Kap. 4.).

Auch der bei einem Menschen auftretende Angstmechanismus entspricht dem bei Stress (s. Abbildung auf der nächsten Seite und die Erläuterungen zur Rational-emotiven Therapie – RET – im vorangegangen Kapitel): Das die Angst auslösende Ereignis, beispielsweise eine Klassenarbeit; wird auf verschiedenen Ebenen interpretiert. Der betreffende Mensch macht sich Gedanken zu dem Ereignis. Solche Gedanken können zum Beispiel sein: *„Die Arbeit werde ich bestimmt wieder schlecht schreiben. Das wird eine Katastrophe. Das kann nur schief gehen!"* Gedanken dieser Art sind stets mit den bereits erwähnten ungünstigen Körperreaktionen verknüpft und werden auf der emotionalen Ebene als Angst erlebt. Die Gedanken, die körperlichen Reaktionen und die Gefühlserfahrungen sind miteinander vernetzt und beeinflussen sich gegenseitig. So wird in einer konkreten Situation die Angst oft immer stärker, obgleich der äußere Reiz sich nicht verändert. Ein Teufelskreis der Angst beginnt.

Vom Ereignis zur Handlung

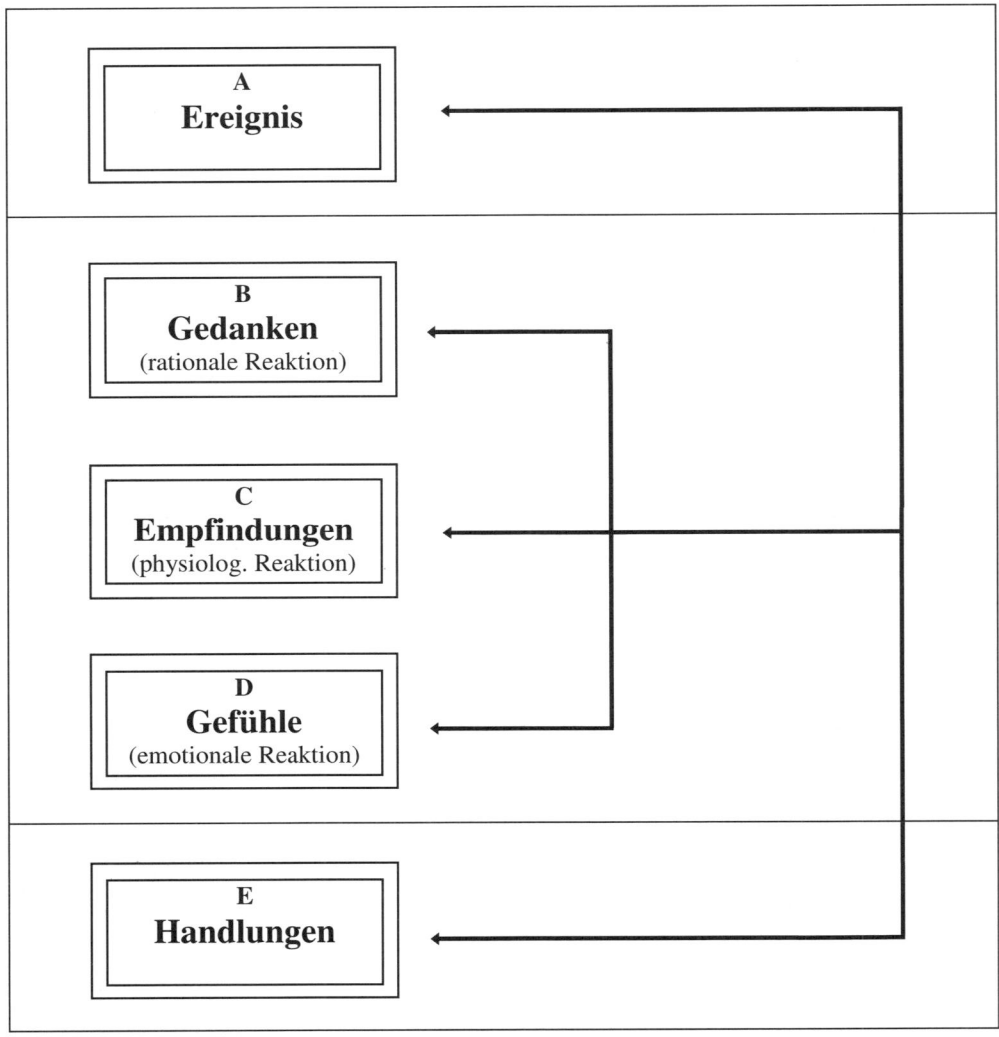

Angst-Mechanismus

Der betroffene Mensch erlebt sich als Opfer von Umständen, die er nicht mehr zu beeinflussen vermag. Er fühlt seine Hilflosigkeit, seine Ratlosigkeit. Offenbar können ihm auch andere Menschen nicht aus der Situation helfen. Das Ergebnis ist Frustration und Resignation, die mittel- und langfristig zum Versagen und schließlich zur Angst vor dem Versagen führen, zur Angst vor der Angst. Aus solcher Angst heraus resultiert oft Passivität und Ausweichverhalten: Der betreffende Mensch flüchtet vor der Angst auslösenden Situation, statt sich dieser und damit der eigenen Angst zu stellen und die Angst damit letztlich zu überwinden. Kann er nicht flüchten, versagt er in der Situation, die bei ihm Angst auslöst.

Profi-Aufgaben

❑ **Deuten Sie die Peters Situation aus dem Kapitel 1.6.3. aus gesprächspsychotherapeutischer Sicht.**

Ihre Deutung

❑ **Deuten Sie die Claudias Situation aus diesem Kapitel aus lerntheoretischer Sicht.**

Ihre Deutung

1.6.6. Theorieeinschub: Gesprächspsychotherapie

Die Sicht der humanistischen Psychologie auf Unterrichtsstörungen bezieht sich auf **Carl R. Rogers' Bild vom Menschen und dessen gesprächspsychotherapeutischen Ansatz**. Rogers hat sein therapeutisches Konzept auch auf Lernprozesse allgemeiner Art übertragen (1984; 1989; 2005a). Er geht von einem grundsätzlich guten Menschen aus, dessen seelisches Gleichgewicht durch unvorteilhafte Lernprozesse gestört wird.

Menschen haben ein „natürliches Potenzial zum Lernen" (1984, 156), das sie einsetzen, um ein aus der Balance geratenes inneres Gleichgewicht wiederherzustellen. In dem Sinne sind Menschen stets an ihrer **Selbstentfaltung und Selbstverwirklichung** interessiert. Die Tendenzen zur Optimierung des **Selbstkonzepts** werden unterstützt durch **signifikantes Lernen**. Hierbei handelt es sich um ein Lernen, bei dem „der Lerninhalte vom Lernenden als für seine eigenen Zwecke relevant wahrgenommen wird" (1984, 157). Signifikantes Lernen ist vom Lernenden **selbstinitiiert** und von ihm mitverantwortet.

Rogers sieht das „gute Leben" als einen Prozess, nicht als einen unveränderbaren Zustand. Menschen sind in ihrem Verhalten also zielorientiert und keineswegs hilflos gegenüber ihren eigenen Bedürfnissen und den Ansprüchen der sozialen Umwelt. „Die Richtung, die für das gute Leben konstitutiv ist, wird vom gesamten Organismus gewählt, sofern die psychische Freiheit vorhanden ist, sich in *jede* Richtung zu entwickeln." (2005b, 186).

⇨ *Bevor Sie weiterlesen:*
- „Der Mensch besitzt alle Ressourcen, die er braucht, um sich in jede Richtung entwickeln zu können." Wie beurteilen Sie diese Sicht vom Menschen.
- Wie nützlich ist / wäre ein solches Menschbild für Sie als Lehrer?

Rogers' Beobachtungen resultieren aus seinen therapeutischen Erfahrungen, sind also im strengen Sinn empirisch nicht belegt. Er stellt fest, dass die **von den Klienten (= Lernenden) eingeschlagenen Wege der Selbstorganisation und Selbstfindung** einige typische Merkmale aufweisen (2005b, 164ff.). Er unterscheidet dabei zwischen Bewegungen „weg von" und Bewegungen „hin zu":

➢ **Die Weg-von-Bewegungen:**
- Weg von den Fassaden: Lernende bewegen sich weg von dem, was sie nicht sind und nicht sein wollen.
- Weg vom „Eigentlich-Sollte-ich": Lernende rücken ab von den Erwartungen der Eltern oder anderer für sie im Rahmen der Entwicklung und Sozialisation wichtiger Bezugspersonen.
- Weg vom Erfüllen kultureller Erwartungen: Lernende machen sich frei von sozialen Ansprüchen und Normen.
- Weg davon, anderen zu gefallen: Lernende erkennen, dass ein Teil ihrer Persönlichkeit nur dazu dient, anderen Menschen zu gefallen oder ihnen einen Gefallen zu tun. Die Klienten nehmen Abstand von dem Bedürfnis, es anderen recht zu machen.

➢ **Die Hin-zu-Bewegungen:**
- Entwicklung zur **Selbstbestimmung**: Lernende werden sich im Verlauf einer Therapie immer mehr ihrer selbst bewusst, so dass sie selbst den Gang der Entwicklung und die Ziele definieren.
- Entwicklung zum **Prozess-Sein**: Lernende bemerken, dass sie veränderbar sind, und erleben diese Möglichkeit zur prozessualen Veränderung als Chance zur Entwicklung.
- Entwicklung zur **Komplexität**: Lernende lernen während der Beratung sich selbst ganz wahrzunehmen, sich nicht in Teilen abzuschließen. Dadurch ermöglichen sie im wörtlichsten Sinne eine ganzheitliche Entwicklung zu sich selbst.
- Entwicklung zur **Erfahrungsoffenheit**: Lernende schaffen es immer besser, offen zu werden und zu bleiben gegenüber ihren neuen Erfahrungen und Einsichten und den Mitteilungen anderer Menschen.
- Entwicklung zum **Akzeptieren der anderen**: Lernenden gelingt es mehr und mehr, auch die Erfahrungen und das Sosein anderer Menschen als Faktum zu nehmen und wertfrei zu akzeptieren.
- Entwicklung zum **Selbstvertrauen**: Lernende gewinnen zunehmend Zugang zu sich selbst und vertrauen dem Prozess, als den sie sich selbst erleben. Dieses Selbstvertrauen gibt ihnen die nötige Sicherheit, um die Entwicklung voranzutreiben.

Der Gesprächspsychotherapeut (Lehrer) unterstützt diese Entwicklungen im Menschen vor allem durch drei zentrale Eigenschaften und Fähigkeiten (**Therapeutenvariablen**):
- **Einfühlendes Verständnis** (Empathie): Der Therapeut nimmt den Klienten in seinen Gefühlen und emotionalen Urteilen ernst. Der Therapeut zeigt dem Klienten vor allem durch aktives Zuhören, dass er ihn versteht.
- **Echtheit und Kongruenz**: Der Therapeut ist seinen eigenen Erfahrungen und Gefühlen gegenüber offen und nimmt diese bewusst wahr. Er

muss sie nicht ausdrücken, muss aber in besonderem Maße authentisch sein, wenn er auf den Klienten emphatisch reagiert, ihm Ratschläge gibt oder dessen Verhalten deutet.

- **Emotionale Wärme**: Die gefühlsmäßige Wertschätzung des Klienten
  muss der Therapeut vorurteilsfrei und unabhängig von Voraussetzungen gewähren; er darf das Erleben und Verhalten des Klienten nicht
  bewerten.

⇨ *Bevor Sie weiterlesen:*
- Stellen Sie sich vor, ein Lehrer schreit einen Schüler an. Inwieweit ist
  dieses Lehrerverhalten ein Beispiel für Echtheit?
- Wie könnten Sie im Unterricht Empathie zeigen?

Entsprechende Kompetenzen soll auch ein **Lehrer** aufweisen. Rogers nennt
ihn **Facilitator**. Der Facilitator ist als Begleiter und Helfender eine Person, die
es den Lernenden leicht(er) macht, ihren je persönlichen Weg zu suchen und
zu finden. Er hilft ihnen also maßgeblich, ihren eigenen Lernweg selbstver-
antwortlich zu gehen (1984, 163ff.). Dabei achtet er auf die:
- Qualität der Stimmung in der Lerngruppe
- Ziele der einzelnen Gruppenmitglieder und der Gruppe insgesamt
- Umsetzung signifikanter Lernprozesse
- Vielfalt der Medien und Methoden

Weiterhin
- sieht er sich selbst als nutzbares Hilfsmittel.
- akzeptiert er Äußerungen verschiedenster Art und Qualität.
- wird er bei zunehmender Fähigkeit der Lerngruppe selbst zum mitler-
  nenden Teil der Gruppe.
- zeigt er seine Gefühle.
- formuliert er authentisch seine Gedanken und Gefühle.

⇨ *Bevor Sie weiterlesen:*
- Was halten Sie von der Vorstellung des Lehrers als Facilitator?

- Was genau müssten Sie an Ihrer Lehrerrolle ändern, um für die Schüler noch mehr ein Facilitator sein zu können als bisher. Wie könnten Sie diese Änderungen vornehmen?

Rogers (1989, 101) fasst zusammen und zitiert Lao-tse, um zu beschreiben, wie sich ein Lehrer verhalten muss, der ein guter „Menschenführer", also ein Facilitator, ist:

> *„Ein Führer ist am besten,*
> *Wenn die Leute kaum merken, daß es ihn gibt,*
> *Nicht so gut, wenn sie ihm gehorchen und Beifall spenden,*
> *Am schlechtesten, wenn sie ihn verachten.*
> *Aber bei einem guten Führer, der wenig redet,*
> *Wenn seine Arbeit getan, sein Ziel erreicht ist,*
> *Werden alle sagen, „Das haben wir selbst gemacht".*

⇨ *Bevor Sie weiterlesen:*
- „Gutes Unterrichten besteht darin, sich als Lehrer überflüssig zu machen." Was halten Sie von diesem Gedanken?

⇨ *Wahrnehmung und Gefühle*

Rogers stellt im Blick auf die Lernprozesse (allgemein und in der Therapie) die **Wahrnehmungen und Gefühle** des Menschen in den Mittelpunkt. Es geht ihm darum, wie ein Mensch Ereignisse erlebt. Menschen können bei diesen Vorgängen selbst entscheiden, wie sie sich erleben wollen.

Ein Beispiel: Ein Mathematiklehrer ruft einen Schüler zur Tafel und stellt ihm eine Aufgabe. Der Schüler versagt beim Lösen der Aufgabe, was der Lehrer ironisch kommentiert: „Wieder mal nicht gelernt, was?"

Mindestens vier Deutungen und Reaktionen des Schülers wären möglich:

1. Der Schüler erlebt sich als *Versager*, der sozial unangepasst ist. In dem Fall wird der Schüler die Situation wahrscheinlich generalisieren und sich als wertlosen Menschen erleben. Rückzug bis hin zur Depression und Passivität im Unterricht einerseits, Aggression, Störmanöver und Konfrontationsverhalten andererseits sind mögliche Folgen auf der Handlungsebene.
2. Oder der Schüler gibt dem Lehrer die Verantwortung für die Situation. „Die Aufgabe war zu schwer." Der Schüler wird sich also *ungerecht behandelt* fühlen. Eine mögliche Generalisierung kann dazu führen, die Schule = die Lehrer und vielleicht sogar die Welt insgesamt für ungerecht zu halten. Vermeidungsverhalten und Angst vor der Schule wären mögliche Folgen.
3. Denkbar wäre auch dies: Der Schüler hat mit dem Fach Mathematik innerlich ohnehin abgeschlossen und erlebt die Situation in der Unterrichtsstunde als Beleg dafür, Mathematik einfach nicht zu können. Dies interessiert ihn aber vielleicht gar nicht, da er mit einer 5 in Mathematik dennoch versetzt wird. Er erlebt sich also vielleicht als durchaus *souverän*, weil er entschieden hat, Mathematik nicht so wichtig zu nehmen, wie ihm der Lehrer dies suggerieren möchte. In dem Fall würde der Schüler darin bestärkt, auch weiterhin nichts für Mathematik zu tun.
4. Schließlich könnte der Schüler die Situation auch so deuten: Ich habe die Hausaufgaben nicht gemacht, daher war ich nicht in der Lage, die Aufgaben an der Tafel zu lösen. „Ich war *dumm*, die Hausaufgaben nicht zu erledigen." Eine solche Erfahrung könnte den Schüler veranlassen, in Zukunft stärker darauf zu achten, Hausaufgaben anzufertigen, und zwar nicht nur für das Fach Mathematik.

Zumindest in den Fällen eins und zwei wäre es wünschenswert, dem Schüler zu helfen, sich anders zu erleben: Aus der Sicht der humanistischen Psychologie müsste der Lehrer dem Schüler die Möglichkeit geben, sein **Selbstkonzept zu verändern**. Durch ein geeignetes Gespräch würde der Schüler (weitgehend) selbst zu der Einsicht gelangen, was Ursache für seine emotionale Schieflage und sein ungünstiges Erleben der Situation ist. Dann würde der Schüler nach Handlungsoptionen suchen und prüfen, welche dieser Optionen ihm helfen können, sich im Mathematikunterricht besser als bisher zu verwirklichen. Nach einem (vom Lehrer = Berater strukturierten) Prüf- und Ausschlussverfahren gäbe es dann am vorläufigen Ende dieses Prozesses eine Lösung zur Verbesserung des Selbstkonzepts. Diese Lösung würde der Schüler anschließend in die Praxis umsetzen. Später würde im Blick auf das Ergebnis eine Evaluation erfolgen.

⇨ *Bevor Sie weiterlesen:*

- Wie könnten Sie dem Schüler im obigen Beispiel helfen, sich in der jeweiligen Situation 1 bis 4 (s. o.) anders zu erleben?

- Vergleichen Sie diese Hilfe damit, einem Schüler im Falle einer nicht gemachten Hausaufgabe ein Ungenügend zu attestieren.

1.7. Arbeitsanregungen

Unterrichts- und Verhaltensstörungen

Worin liegen nach Ihrer Meinung für den Lehrer besondere Probleme beim Erkennen von Unterrichtsstörungen?	

„Schüler leben in einer anderen Welt und verfolgen andere Ziele als Lehrer." Nehmen Sie im Blick auf Unterrichtsstörungen zu dieser These Stellung.	
Nehmen Sie an, in Ihrer Klasse entsteht Unruhe durch verschiedene Nebentätigkeiten von Schülern. Wie und wann reagieren Sie darauf?	
Mario (15) zeigt sich im Unterricht gelangweilt, meldet sich selten, liefert dann aber überdurchschnittlich gute Beiträge. Es stellt sich durch einen Test heraus: Mario ist hochbegabt. Inwiefern liegt hier eine Unterrichtsstörung vor? Wie reagieren Sie auf die Situation?	
Inwiefern können sich weniger begabte Schüler durch Unterricht gestört fühlen? Welche Maßnahmen ergreifen Sie in diesen Fällen?	
„Unterrichtsstörungen sind stets Disziplinprobleme, mit denen sich der Lehrer beschäftigen muss." Nehmen Sie Stellung.	
Welche Arten von Unterrichtsstörungen erscheinen Ihnen besonders schwierig zu handhaben? Warum?	

Stellen Sie sich eine *es*starke Persönlichkeit im Sinne Freuds vor. Welche Arten von Unterrichtsstörungen würden Ihrer Meinung nach zu einem solchen Menschen passen?	
Stellen Sie sich eine *überich*starke Persönlichkeit im Sinne Freuds vor. Welche Arten von Unterrichtsstörungen würden Ihrer Meinung nach zu einem solchen Menschen passen?	
Wie reagieren Sie auf Störungen, die durch *überich*starke Schüler verursacht werden? Begründen Sie Ihre Reaktion.	
Wie können Sie das operante Konditionieren einsetzen, um Unterrichtsstörungen zu beheben?	
Wie können Sie selbst im Sinne des Modelllernens dazu beitragen, dass Unterrichtsstörungen gar nicht erst entstehen?	

Wie müssten Sie sich aus gesprächspsychotherapeutischer Sicht als Lehrer verhalten? Inwieweit könnten Sie durch dieses Verhalten Unterrichtsstörungen vorbeugen?

Die Rational-emotive Therapie (RET) nimmt an, Menschen können von irrationalen Ideen beherrscht sein. Einer der häufigsten irrationalen Gedanken: „Alle müssen mich lieben." Nutzen Sie diesen Gedanken zur Deutung des Falls „Nadine" in Kapitel 1.4.

Welche Unterrichtsstörungen können durch die räumlichen und sächlichen Gegebenheiten einer Schule entstehen?

„Vorschnelle Hypothesen des Lehrers über Ursachen von Störungen führen zu weiteren Störungen." Nehmen Sie zu dieser These Stellung. Erläutern Sie die These an Hand eines geeigneten Beispiels.

„Niemand muss sich stören lassen." Was halten Sie von dieser Aussage im Blick auf sich selbst als Lehrer?

Eines der Postulate der TZI heißt: „Störungen haben Vorrang." Interpretieren Sie dieses Postulat am Beispiel einer konkreten Unterrichtsstörung. Gehen Sie dabei auch auf mögliche Maßnahmen des Lehrers ein.

Eine Hilfsregel der TZI lautet: „Verwende Ich-Botschaften." Überlegen Sie, ob, wann und inwieweit diese Regel Ihnen als Lehrer helfen kann, Unterrichtsstörungen vorzubeugen oder diese zu beheben.

„Schülerferne Inhalte schaffen regelmäßig Unterrichtsstörungen." Wie berechtigt ist diese These?

Rogers meint, ein guter Lehrer dürfe in dem, was er für den Unterricht tut, kaum auffallen. Was halten Sie von dieser Annahme? Wie würden Schüler diese These beurteilen? Inwieweit lässt Sie sich diese These in Ihrem Unterricht verwirklichen?

„Unterrichtsstörungen kommen nur dadurch zustande, dass manche Schüler ihre Gefühle nicht kontrollieren können." Überlegen Sie unter Nutzung des Modells der RET, inwieweit diese These stimmt.

„Zu gutem Unterricht gehört auch ein gewisses Tempo im Ablauf des Lernprozesses. Langsamer Unterricht führt zwangsläufig zu Störungen." Inwieweit stimmen diese Annahmen?

Erinnern Sie sich an mögliche Deutungen von Unterrichtsstörungen:
  a) psychoanalytisch
  b) lerntheoretisch
  c) gesprächspsychotherapeutisch
  d) didaktisch

Welche der vier Ursachenerklärungen erscheint Ihnen besonders geeignet, Unterrichtsstörungen angemessen zu analysieren? Begründen Sie Ihre Meinung. Welche der Deutungen hilft Ihnen besonders, bei Unterrichtsstörungen angemessene Maßnahmen zu ergreifen? Begründen Sie Ihre Einschätzung.

„Jeder Lehrer sollte sich über Unterrichtsstörungen freuen. Sie zeigen ihm einen Teil der Realität, die sonst durch geschicktes Verhalten überdeckt wird. Erst offene Störungen bieten die Möglichkeit, sich mit der verdeckten Realität zu beschäftigen." Nehmen Sie (selbstkritisch) Stellung zu dieser These.

„Störe einfach den Unterricht, wenn dir langweilig ist." Was halten Sie von dieser Symptomverschreibung eines Lehrers für einen hochbegabten Schüler?

„Schüler stören doch nur, weil sie Zuhause kein vernünftiges Verhalten gelernt haben." Was meinen Sie dazu?

Welche Arten von Unterrichtsstörungen kennen Sie? Hierarchisieren Sie die Störungen nach
dem Grad ihrer Bedeutung für Sie persönlich.

Ordnen Sie den Ihnen bekannten Unterrichtsstörungen Störungsursachen zu?

Überlegen Sie Maßnahmen, wie Sie mit den Ihnen bekannten Unterrichtsstörungen umgehen könnten?

„Sprich per ich und nicht per man." Interpretieren und bewerten Sie diese These der TZI.

In welcher Weise könnte sich ein Schüler im Unterricht gestört fühlen. Was bedeutet das für Sie als Lehrer?

Ein Schüler beteiligt sich so gut wie nie am Unterricht. Inwieweit interpretieren Sie dieses Verhalten als Unterrichtsstörung?	
Inwieweit sind aus Ihrer Sicht hochbegabte oder ständig überforderte Schüler ein Störfaktor im Unterricht?	
Inwieweit kann aus Ihrer Sicht Ihre persönliche Befindlichkeit ein Störfaktor des Unterrichts sein?	
„Störungen sind immer konstruktiv." Nehmen Sie Stellung zu der These.	

2.

Konflikte in der Schule

„Die Beziehung zwischen Lehrer und Schüler

ist gut, wenn sie aufgebaut ist auf:

Offenheit und Transparenz […],

Anteilnahme[…],

gegenseitige Abhängigkeit […],

der nötigen Distanz […],

gegenseitige Befriedigung der Bedürfnisse. "

(Thomas Gordon)

2.1. Persönliche Bestandsaufnahme

Mit dem folgenden Testbogen können Sie testen, was Sie bisher Grundsätzliches über Konflikte wissen und wie gut Sie mit Konflikten im (Schul-)Alltag umgehen können. Am Ende des Abschnitts können Sie dann mit einem Auswertungsbogen ermitteln, wie gut Ihre *Kenntnisse und Ihre Handlungskompetenz* entwickelt sind.

Tipp:

Notieren Sie bitte in der rechten Spalte des Antwortrasters Gedanken, die Ihnen im Blick auf das jeweilige Item wichtig erscheinen. Z. B. zu diesen Aspekten:

♦ Was müsste ich noch wissen?

♦ Was sollte ich in Zukunft in Bezug auf den Aspekt tun?

♦ Welche besonderen Erfahrungen habe ich dazu gemacht?

Und hier nun die Testaussagen:

1. Ich streite gern und profitiere stets davon.

Ja	Nein	Teilweise	Das fällt mir dazu ein ....

2. Konflikte finden immer auf der emotionalen Ebene der Beteiligten statt.

Ja	Nein	Teilweise	Das fällt mir dazu ein ....

3. Ich spreche mit den Menschen, mit denen ich Konflikte habe.

Ja	Nein	Teilweise	Das fällt mir dazu ein ....

4. Ich beachte in Konflikten stets die eigenen Bedürfnisse und die anderer. Das fällt mir meist sehr leicht.

Ja	Nein	Teilweise	Das fällt mir dazu ein ....

5. In Konfliktsituationen ist es wichtig, sich in andere Menschen hineinzuversetzen.

Ja	Nein	Teilweise	Das fällt mir dazu ein ....

6. In Konfliktsituationen muss ich auch an meine Bedürfnisse und Interessen denken.

Ja	Nein	Teilweise	Das fällt mir dazu ein ....

7. Konflikte belasten mich zwar, aber ich kenne Techniken, die mir helfen, diese Belastung auszuhalten.

Ja	Nein	Teilweise	Das fällt mir dazu ein ....

8. Ich kann gut zuhören.

Ja	Nein	Teilweise	Das fällt mir dazu ein ....

9. Ich bin geduldig.

Ja	Nein	Teilweise	Das fällt mir dazu ein ....

10. Ich bin konfliktfähig.

Ja	Nein	Teilweise	Das fällt mir dazu ein ....

11. Meine sozial-kommunikativen Fähigkeiten sind gut entwickelt, aber ich vertrete auch meinen Standpunkt.

Ja	Nein	Teilweise	Das fällt mir dazu ein ....

12. Ich versuche, aus Kritik an meinem Verhalten zu lernen.

Ja	Nein	Teilweise	Das fällt mir dazu ein ....

13. Ich verstehe Konflikte als eine Chance, Unklarheiten und Probleme zu beseitigen.

Ja	Nein	Teilweise	Das fällt mir dazu ein ....

14. Ich weiß, dass in der Schule sehr viele Konflikte entstehen, die aber nicht alle gelöst werden können. Diese Situation belastet mich nicht.

Ja	Nein	Teilweise	Das fällt mir dazu ein ....

15. Ich begreife Konflikte als Herausforderung, Neues zu lernen.

Ja	Nein	Teilweise	Das fällt mir dazu ein ....

16. Konflikte sollten gelöst, nicht ignoriert werden.

Ja	Nein	Teilweise	Das fällt mir dazu ein ....

17. Mir ist bewusst, dass ich durch die Lösung von Konflikten auf Dauer kompetenter werde, mein Gesprächsverhalten zu optimieren.

Ja	Nein	Teilweise	Das fällt mir dazu ein ....

18. Ich reagiere auf unberechtigte Kritik nur selten emotional; vielmehr setze ich mich mit einer solchen Kritik gezielt auseinander.

Ja	Nein	Teilweise	Das fällt mir dazu ein ....

19. Manchmal fühle ich mich unberechtigt angegriffen. Ich verstehe Angriffe anderer Menschen als ein Signal dafür, dass diese Menschen in einer Notlage sind.

Ja	Nein	Teilweise	Das fällt mir dazu ein ....

20. Konflikte mit Schülern muss man professionell bearbeiten. Man darf sich von ihnen also nicht persönlich betreffen lassen.

Ja	Nein	Teilweise	Das fällt mir dazu ein ....

21. Schwierige Konfliktlagen sollte man als Fachlehrer nicht selbst lösen. Dafür gibt es zum Beispiel die Einrichtung der Mediation.

Ja	Nein	Teilweise	Das fällt mir dazu ein ....

22. Konfliktlösungen sind nicht einfach nur Kompromisse, vor allem sind sie niemals „faule" Kompromisse.

Ja	Nein	Teilweise	Das fällt mir dazu ein ....

23. Ich setze in Konflikten mit Schülern meine Interessen nur begründet und in gegenseitigem Benehmen durch.

Ja	Nein	Teilweise	Das fällt mir dazu ein ....

24. Ich weiß, dass Schüler in Konfliktsituationen mit mir meist unterlegen sind. Gerade deshalb nehme ich deren Bedürfnisse in solchen Fällen sehr ernst.

Ja	Nein	Teilweise	Das fällt mir dazu ein ....

25. Ich reagiere gelassen und souverän, wenn ich in Konflikten mit Schülern nicht deren Akzeptanz erlange.

Ja	Nein	Teilweise	Das fällt mir dazu ein ....

26. Es ist wichtig, Konfliktlösungsgespräche in einer ruhigen Atmosphäre zu führen. Deshalb bemühe ich mich darum, mit dem Konfliktpartner für ein solches Gespräch einen Termin an einem geeigneten Ort zu vereinbaren.

Ja	Nein	Teilweise	Das fällt mir dazu ein ....

27. Ich weiß, dass ich als Erzieher Konflikte auch einseitig beenden muss.

Ja	Nein	Teilweise	Das fällt mir dazu ein ....

28. Konflikte sind in der Regel eine besondere Art von Unterrichtsstörungen.

Ja	Nein	Teilweise	Das fällt mir dazu ein ....

⇨ **Auswertungsbogen**

Tragen Sie hier die angekreuzten Antworten der 28 Fragen ein. Verbinden Sie dann die Ergebnisse der einzelnen Frage mit einer Linie: Je häufiger Sie eindeutig mit „Ja" geantwortet haben, desto mehr wissen Sie über Konflikte und desto konstruktiver gehen Sie bereits mit ihnen um.

Aufgaben:

- Schauen Sie sich die Items noch einmal genauer an, die Sie mit „Nein" oder „Teilweise" beantwortet haben. Werten Sie Ihre Antworten aus! Besprechen Sie die Ergebnisse in einer Gruppe von Kollegen.

- Formulieren Sie Handlungsanweisungen, die sich für Sie aus der Auswertung der Ergebnisse ergeben.

Nr.	Ja	Nein	Teilweise
1			
2			
3			
4			
5			
6			
7			
8			
9			
10			
11			
12			
13			
14			
15			
16			
17			
18			
19			
20			
21			
22			
23			
24			
25			
26			
27			
28			

2.2. Struktur von Konflikten

Das kennen Sie bestimmt auch: Sie wollen in Ihrer Lieblingsklasse eine Klassenar-

beit zurückgeben und für den Rest der Stunde
noch ein wichtiges Unterrichtsthema behan-
deln. Sie haben ein gutes Verhältnis zu der
Lerngruppe, doch heute scheint nicht zu klap-
pen, was Sie sich vorgenommen haben. Nach
der Rückgabe der Arbeit beginnen einige
Schüler zu protestieren: „Die Arbeit ist ja viel

schlechter ausgefallen als die letzte. Sie haben viel strenger bewertet als früher. Außerdem waren einige Fragen zu kompliziert gestellt: Die konnten wir so doch gar
nicht lösen." Die Lautstärke nimmt zu: Birgit redet mit Sandra, Oliver fängt an zu ki-
chern, Peter und Sören beginnen, miteinander über ihre Arbeiten zu reden. Nach
einer Weile ist die ganze Klasse in Aufruhr und kann sich nicht mehr beruhigen. Sie
sagen den Schülern, sie müssten eben in Zukunft mehr für die Arbeiten lernen, und
überhaupt wollen Sie jetzt mit dem Unterricht beginnen. Die Gruppe bleibt unbeein-
druckt. Ob Sie wollen oder nicht: Sie befinden sich in einem Konflikt.

⇨ *Bevor Sie weiterlesen:*

- Was sind für Sie typische Merkmale eines Konflikts?
- Begründen Sie Ihre Einschätzung.

Das **Wort „Konflikt"** leitet sich ab von *confligere* (lat.) = aneinandergeraten, kämpfen. Im Blick auf zwischenmenschliche Beziehungen (**interpersonelle Konflikte**) führen Neubauer / Gampe / Knapp (1999, 5f.) zur Klärung des Konfliktbegriffs drei Kriterien an:

♦ **Es gibt mindestens zwei Konfliktparteien.**

Konfliktparteien können einzelne Personen sein oder auch Gruppen und Staaten. Im direkten oder übertragenen Sinne stehen die Parteien A und B einander gegenüber und haben dabei in Bezug auf einen Sachverhalt X unterschiedliche Bedürfnisse.

Auf unser Schulbeispiel bezogen heißt das: Konfliktparteien sind Sie als Lehrerin, Ihnen gegenüber stehen als zweite Konfliktpartei zunächst nur die protestierenden und offensichtlich störenden Schüler, schließlich aber die gesamte Klasse. Sie und die Klasse nehmen eine jeweils spezifische Haltung zu der Frage ein, wie der Unterricht heute ablaufen soll. Diese Haltungen unterscheiden sich voneinander: Aus dieser Perspektive zeigen sich die meisten Konflikte aus Lehrersicht in Form von Unterrichtsstörungen, dies gilt vor allem für Disziplinkonflikte: Sie möchten nach der Rückgabe der Klassenarbeit mit dem Unterricht fortfahren, die Schüler aber auf Grund ihrer Betroffenheit über den Ausfall der Arbeit wollen dies nicht (s. Becker 2006; Jürgens 2005).

♦ **Die Handlungstendenzen der Konfliktparteien sind unvereinbar.**

Die Konfliktparteien haben nicht nur unterschiedliche Bedürfnisse in Bezug auf einen bestimmten Sachverhalt, ihre Absichten aufgrund dieser Bedürfnisse schließen sich aus. Handlungsabsichten sind kurz- oder langfristig motiviert. Sie können aus unmittelbaren Interessen und Bedürfnissen entspringen: „Ich fühle mich ungerecht behandelt!", Ich habe jetzt keine Lust!" Ebenso können Handlungsdispositionen durch Sozialisationserfahrungen begründet sein, wobei vor allem Werte, Überzeugungen und Glaubenssätze eine Rolle spielen: „Auf die Klassenarbeiten im Fach X bereitet uns der Lehrer nicht richtig vor!" oder „Mathe ist doch sowieso langweilig!", „Lehrer geben Noten willkürlich!", „Wenn man protestiert, kriegt man Recht!" Auch diese (z. T. irrationalen) Einstellungen schaffen bestimmte Bedürfnisse in der konkreten Situation, Bedürfnisse, die oft nicht (vollständig) befriedigt werden können (vgl. a. Kliebisch / Meloefski 2009b).

Auf unser Schulbeispiel bezogen heißt das: Ihre Überzeugungen als Lehrerin sind nicht deckungsgleich mit den aktuellen und vielleicht sogar überdauernden Werthaltungen der Schüler. Während Sie davon überzeugt sind, dass die Ergebnisse von Klassenarbeit von den Schülern hinzunehmen sind und man deshalb zum regulären Unterricht übergehen kann, sehen die Schüler dies in dem Moment grundlegend anders: Für die Schüler ist es erst einmal wichtig, ihren Unmut zu äußern und den Fortgang des Unterrichts zu blockieren.

♦ **Das Handeln der Konfliktparteien ist unvereinbar.**

Aus unterschiedlichen Handlungsdispositionen der Konflikt-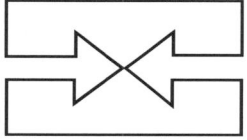
parteien ergibt sich unterschiedliches Verhalten, wobei das
Verhalten der einen Konfliktpartei das der anderen behindert und erfolglos macht.

Auf unser Schulbeispiel bezogen heißt das: Sie und die Klasse sind unterschiedlicher Auffassung darüber, was im Anschluss an die Rückgabe der Klassenarbeit im Unterricht geschehen soll. Sie wollen den Unterricht wie üblich fortsetzen, um die Zeit für die Behandlung eines wichtigen Themas zu nutzen. Die Klasse hingegen hat zur selben Zeit kein Interesse und kein Bedürfnis, Ihnen im Unterrichtsstoff zu folgen. Ihr Verhalten und das der Klasse schließen sich aus; Ihre Handlungsabsichten sind mit denen der Klasse unvereinbar. Sie und die Klasse blockieren sich im Handeln gegenseitig, wodurch auf beiden Seiten Frustration entsteht.

Konflikte haben eine nachhaltige Wirkung auf die kommunikative Interaktion. Seit Watzlawick u. a. (2007) Ende der 60er Jahre menschliche **Kommunikation** zum Thema gemacht haben, wissen wir: Jeder Kommunikationsprozess **hat** danach **eine Beziehungs- und eine Sachebene**. Die Beziehungsebene der Kommunikation sagt etwas darüber aus, wie die Kommunikationspartner zueinander stehen, was sie voneinander halten und füreinander empfinden. Die Sachebene der Kommunikation benennt die Inhalte, die während einer Kommunikation transportiert werden. Dazu gehören alle Überzeugungen, Meinungen und Beschreibungen, aber auch alle metadiskursiven Aussagen, also Aussagen darüber, wie die Gesprächspartner die Kommunikation erleben (vgl. a. Schulz v. Thun, Band 1, 2006).

Konflikte entstehen durchweg auf der Beziehungsebene. Die Kommunikationspartner sind sich bei einem Konflikt nicht mehr einig darüber, wie ihre Beziehung aktuell zu definieren ist. Sie erleben dies dadurch, dass ihre jeweils spezifischen Bedürfnisse und Interessen in der aktuellen Situation durch den Konfliktpartner behindert werden. Die Partner liefern einander daraufhin unterschiedliche Beziehungsdefinitionen, wobei sich diese ganz oder teilweise ausschließen. Hinter den divergierenden Beziehungsdefinitionen verbergen sich divergierende Wertvorstellungen und Überzeugungen darüber, wie die Beziehung auszusehen hat. Die desolate Beziehungssituation führt dazu, dass auf der inhaltlichen Ebene der Kommunikation Störungen entstehen. **Die Partner reagieren auf der Inhaltsebene nicht mehr sachangemessen, weil sie auf der Beziehungsebene emotional betroffen sind** (vgl. Abb. 1).

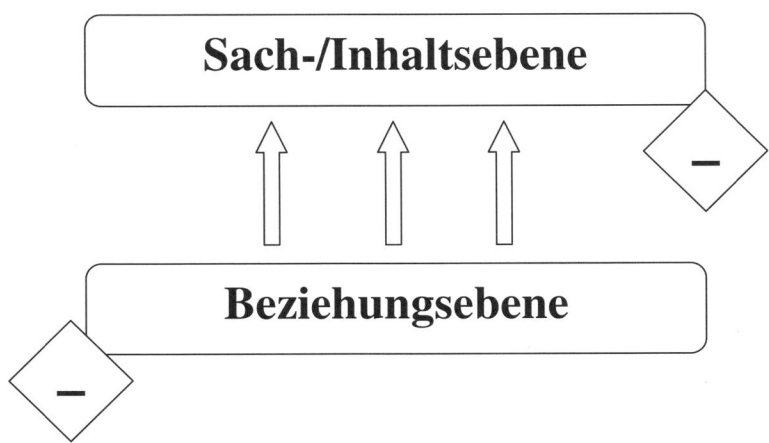

Abbildung 1: Sach- und Beziehungsebene

Die unterschiedlichen Wertvorstellungen und Überzeugungen beeinflussen die Beziehungsebene negativ; die ungünstige Beziehungssituation wirkt dann so auf die Sachebene, dass hier eine vernünftige Klärung der Situation nicht mehr möglich ist.

Parallel dazu läuft auf beiden Seiten die Frustration über die unterschiedlichen Beziehungsdefinitionen und darüber, die jeweils eigenen Bedürfnisse in der aktuellen Situation nicht befriedigen zu können. **Die Beziehungsprobleme haben die Kraft von Stacheln**, die die Sachebene beständig von unten torpedieren. Die Kommunikationspartner müssen möglichst sofort handeln, wenn sie sich in einer solchen Konfliktsituation befinden.

⇨ *Bevor Sie weiterlesen:*

- Nehmen Sie diese Situation an: Es ist ein heißer Sommertag. Der Klassensprecher Ihrer Klasse kommt zu Ihnen und fragt: „Können wir heute nicht mal spielen statt Unterricht zu machen? Es ist viel zu heiß zum Arbeiten. Wir arbeiten doch auch sonst gut mit." Auch Sie würden heute gern auf den Unterricht verzichten. Sie denken kurz nach und sagen: „Einverstanden. Aber wir machen das anders: Erst arbeiten wir 30 Minuten und dann könnt ihr die letzte Viertelstunde spielen."

- Analysieren Sie die Situation: Inwieweit handelt es sich bei der Situation um einen Konflikt? Welche Bedürfnisse und Werthaltungen können Sie erkennen? Inwieweit ist der Konflikt gelöst?

Konflikt: Ja oder nein?

Bedürfnisse und Werthaltungen? Lehrer

Schüler / Klasse

Konflikt gelöst?

2.3. Nutzen und Chancen von Konflikten

Das Wort „**Konflikt**", aber auch reale Konfliktsituationen sind in unserem Verständnis in der Regel eher **negativ besetzt**: Konflikte möchte (und sollte?) man besser vermeiden; es wird als angenehm und unproblematisch empfunden, wenn es keine Konflikte gibt. Konfliktfreiheit wird als Ausdruck eines besonderen wechselseitigen Verständnisses der betreffenden Menschen gedeutet. All dies zeigt: Nach allgemeinem Eindruck sind Konflikte sicher eher unerwünscht.

Diese negative Einschätzung entspricht aber nur zum Teil dem wahren Wert von Konflikten. Natürlich bergen Konflikte Probleme; sie greifen die Persönlichkeit an, stellen sie in Frage. Die Beteiligten sind emotionalisiert, geraten ins Wanken. Die Welt wird unsicher, wenn man sich in einem Konflikt befindet. Dabei können interpersonelle Konflikte durch **intrapersonale Konflikte** überlagert und verschärft werden. Bei intrapersonalen Konflikten schlagen zwei Seelen in der Brust eines Menschen: Er gerät im Blick auf seine Handlungstendenzen in ein seelisches Dilemma. Jede der möglichen Handlungsrichtungen birgt Gefahren und bringt somit Nachteile. Dies gilt vor allem dann, wenn der äußere Konfliktpartner aus der eigenen Sicht für einen selbst sehr wichtig ist. Verlust- und Trennungsängste entstehen: Wird die Beziehung noch halten? Oft ist Anpassung die Folge solcher Ängste (vgl. Riemann 2006).

Doch diese negative Seite ist nur die eine Seite der Medaille. Konflikte haben auch eine positive Seite. Konflikte nutzen den Betroffenen, sie bieten Entwicklungschancen. Diese positive und nützliche Perspektive von Konflikten kann man sich gut klar machen an der

♦ kognitiven Entwicklung (Piaget) und an der

♦ Identitätsentwicklung (Erikson) des Menschen.

⇨ *Theorieeinschub: Kognitive Entwicklung – J. Piaget*

J. Piaget (2003) hat sich eingehend mit der kognitiven Entwicklung des Menschen beschäftigt. Aus der Sicht Piagets stehen die Menschen stets in einer Wechselbeziehung zu der geistigen und materiellen Umwelt, die sie umgibt. Zwei komplexe und offene Systeme (Mensch und Umwelt) stehen im wechselseitigen Austausch von Informationen, wobei der Mensch in Bezug auf die Umwelt so etwas wie ein Subsystem darstellt. Im Verlaufe dieser Interaktion mit seiner Umgebung prüft der Mensch seine bisherigen Erfahrungen auf Plausibilität und ändert sie bei Bedarf. Diese Änderung vollzieht sich über eine Änderung kognitiver Organisationsmuster mit dem Ziel, mögliche Widersprüche auszugleichen. Denn der Mensch hat stets ein Interesse an einem Gleichgewicht zwischen dem, was er schon weiß, und dem, was an neuen Informationen auf ihn zukommt. In diesem Sinne stellt die Änderung der kognitiven Strukturen immer eine Art von Anpassung des Menschen an die Umwelt dar. Dies gilt zumindest so lange, wie der Mensch die Umwelt nicht an seine Bedürfnisse anzupassen gelernt hat.

Der Anpassungsprozess vollzieht sich für Piaget auf zwei Arten, die miteinander vernetzt sind und gleichzeitig stattfinden: **Assimilation und Akkomodation**. Durch die Assimilation werden Vorgänge so variiert und modifiziert, dass sie zusammenpassen mit den bereits vorhandenen kognitiven Strukturen. Dafür ist es nötig, dass die vorhandenen Muster in gewissem Umfang interpretiert werden. Eine Akkomodation liegt dann vor, wenn neue Informationen mit existierenden kognitiven Mustern nicht mehr kompatibel sind und daher neue Ordnungsmuster geschaffen werden. Ein Beispiel: Ein Kind verfügt über die kognitive Struktur „Stuhl". Das Kind wird die Struktur zunächst auch auf Sessel und Sofas anwenden. Das heißt: Das Kind wird die neuen Informationen „Sessel" und „Sofa" zuerst assimilieren; es passt also die neue Information an ein bekanntes Schema = „Stuhl" an und verleibt sich die neue Information gleichsam ein. Begegnet dem Kind dagegen ein Hocker mit sehr hohen Beinen, wird es Schwierigkeiten haben, das bekannte Muster weiterhin zu nutzen. Das kognitive Gleichgewicht wird gestört. Wahrscheinlich wird das Kind dann akkomodieren; es wird also für die Information ein neues kognitives Schema aufbauen. So wird das angestrebte Gleichgewicht (vorläufig) wieder hergestellt (= Äquilibration).

⇨ *Bevor Sie weiterlesen:*

- Machen Sie sich den Vorgang noch einmal in der Praxis klar: Betrachten Sie dazu am Beispiel einer Ihrer Unterrichtsstunden die Übergänge von der Einstiegs- zur Problematisierungsphase sowie von der Präsentations- und Sicherungsphase zur Vernetzungsphase.

- Wie schaffen Sie es, die Schüler zunächst kognitiv zu verunsichern, um ihnen dann beim Aufbau eines kognitiven Gleichgewichts zu helfen? Wann werden die Schüler während der Stunde eher assimilieren, wann eher akkomodieren?

Man kann das in den jeweiligen Phasen der Entwicklung entstehende kognitive Ungleichgewicht gut als **kognitiven Konflikt** deuten. Der Konflikt ist also ein interner
Konflikt. Neue Informationen machen für das Individuum eine interne Reaktion notwendig; abhängig von der Struktur der neuen Informationen kann der Mensch dann
assimilieren oder akkomodieren. Aber er muss und wird reagieren. Die Reaktion ist
aber zugleich eine Progression in Richtung auf ein größeres inneres Gleichgewicht.
Insoweit ist der kognitive Konflikt nützlich, **weil er die Chance zur Entwicklung
birgt**.

⇨ *Bevor Sie weiterlesen:*

- Wir stellen im Unterricht gezielt kognitive Konflikte her: Dies geschieht vor
  allem durch die Entwicklung der leitenden Fragestellung (Problemfrage)
  am Ende der Einstiegsphase einer Unterrichtsstunde.
- Zeigen Sie am Beispiel einer Ihrer Unterrichtsstunden, wie durch eine lei-
  tende Fragestellung bei den Schülern ein kognitiver Konflikt entsteht.
- Überlegen Sie, mit welchen kognitiven Strategien die Schüler das entstandene kognitive Ungleichgewicht im Laufe der Stunde beheben können. Inwieweit hilft den Schülern dabei die Anlage der Stunde?

Kognitiver Konflikt

Kognitive Strategien

⇨ *Theorieeinschub: Identitätsentwicklung – E. Erikson*

E. Erikson (2007) hat aus neo-psychoanalytischer Sicht sehr intensiv die **Identitäts-entwicklung** des Menschen untersucht. Erikson beschreibt die Entwicklung zur Identität in einer Reihe von Stufen. Auf jeder Stufe der Entwicklung geschieht das Gleiche: Die erreichte Entwicklung wird durch neue Erfahrungen (Input der Umwelt) auf Praktikabilität hin geprüft. Dabei bewegt sich der Menschen in immer neuen Oppositionen, die ihn letztlich in Krisen stürzen. Diese Krisen bleiben nicht Selbstzweck; sie müssen überwunden werden, wodurch eine neue Stufe der Entwicklung zur Identität erreicht wird.

Erikson beschreibt eine Reihe solcher Krisen, die der Mensch in seiner Entwicklung zur Identität durchläuft; durch erfolgreich gemeisterte Krisen entwickeln sich grundlegende Pfeiler der menschlichen Persönlichkeit:

- Urvertrauen (gegen Urmisstrauen)
- Autonomie (gegen Selbstzweifel)
- Initiative (gegen Schuldgefühle)
- Leistung (gegen Minderwertigkeit)
- Intimität (gegen Zurückhaltung)
- Integrität (gegen Verzweiflung)

Die von Erikson dargestellten **Krisen** kann man durchaus als **psychische Konflikte** verstehen: Der Mensch stößt mit seinem bisherigen Verhalten jeweils an die Grenzen seiner Möglichkeiten. Eine neue Stufe der Entwicklung ist für ihn zugleich eine neue Herausforderung: Der Mensch muss dazulernen, sich auf eine neue Weise an die Umwelt anpassen und erlangt sein seelisches Gleichgewicht, wenn er die jeweilige Herausforderung bewältigt.

Ein **Beispiel**: **Der Erwerb des Urvertrauens** ist für den Menschen von herausragender Bedeutung. Gerade in der oralen Phase sucht das Kind Geborgenheit und Verlässlichkeit über die Bezugspersonen, die es umsorgen. Unzuverlässige Situationen bergen die Gefahr, dass das Kind statt eines Urvertrauens ein Urmisstrauen entwickelt. Eine solche pessimistische Grundhaltung kann im Verlauf der späteren Entwicklung zu Depressionen und Regressionen führen. Diese wiederum würden eine gesunde Fortentwicklung zu einer ichidentischen und ichstarken Persönlichkeit behindern oder gar unmöglich machen. Aus dieser Perspektive ist der **psychische**

Konflikt eine Chance für das Kind, sich so konstruktiv mit der Umwelt auseinander-
zusetzen, dass es zu einer psychisch gesunden Persönlichkeit heranwächst. Anders
gesagt: **Ich-Identität ist Ausdruck der erfolgreichen Bewältigung von psychi-
schen Konflikten.**

⇨ *Bevor Sie weiterlesen:*

- Für Lehrer ist Eriksons Opposition „Leistung – Minderwertigkeit" sicher von
  besonderem Interesse. Ziel der Schule kann es nur sein, bei den Kindern
  und Jugendlichen ein gesundes Leistungsdenken zu entwickeln.
- Wie kann man Ihrer Meinung nach ein Leistungsdenken vermitteln, das
  ohne Minderwertigkeitsgefühl auskommt?
- Wie problematisch finden Sie es, wenn ein Schüler eine Fünf schreibt und
  sich dabei äußerst minderwertig erlebt? Wie gefährdet ist bei diesem Schüler die Entwicklung zu einer gesunden Persönlichkeit?

Leistung ohne Minderwertigkeit?

Psychische Folgen einer Fünf?

2.4. Lösung von Konflikten

Konflikte werden niemals nur auf der kognitiven Ebene erlebt und bewältigt. Viele **Konflikte werden emotionalisiert** und auch so empfunden. Schüler etwa sind Sachargumenten wenig zugänglich, wenn sie sich (wie in unserem Eingangsbeispiel) durch die Note einer Klassenarbeit ungerecht beurteilt fühlen. Ihre Einschätzung (Deutung) der Situation emotionalisiert die Schüler (in diesem Falle negativ). Die so entstandenen Gefühle wiederum sind Grundlage für ihr Handeln: Die Schüler wollen das innere Ungleichgewicht durch Einholen von Solidarität normalisieren, reden daher miteinander, protestieren und werden laut. Strukturell hindern sie ihren (vermeintlichen) Widersacher, den Lehrer, daran, sein Konzept von Unterricht zu realisieren. Die Schüler sind aufgrund ihrer Gefühle und Empfindungen auf Widerstand und Angriff programmiert. Dies wiederum führt auch beim Lehrer zu einer entsprechenden Erfahrung und zu dem Eindruck, er müsse sich „durchsetzen". Auch bei ihm ist der Organismus auf „Alarm" gestellt (s. Beispiel Kap. 2.2.).

Durch den während eines Konflikts entstehenden inneren Emotionsdruck **hat jede Konfliktpartei das Bedürfnis, sich gegenüber der anderen zu behaupten**. Dieses Bedürfnis ist direkter Ausdruck der starken negativen Emotionalisierung, die beide Seiten erleben. Diese Emotionalisierung wiederum ist Resultat der wahrgenommenen Blockade der jeweils eigenen Werthaltungen und Überzeugungen und damit des Bedürfnisses, seine persönlichen Handlungstendenzen auch im konkreten Handeln umzusetzen. Konflikte sind damit immer ein äußeres Bild einer intensiv empfundenen innerlich erlebten Gefühlsirritation; die Konflikte kommen zustande aufgrund nicht befriedigter Handlungsbedürfnisse.

Der in dieser Situation sich von selbst aufbauende innere Druck ist nur schwer rational kontrollierbar. Er gleicht einer Stresserfahrung. Spontanreaktionen von Konfliktpartnern zielen daher meist darauf, eine zu den eigenen Gunsten einseitige Gewinner-Verlierer-Situation (win-lose) herzustellen. Das Bedürfnis, selbst Gewinner in einem Konflikt zu sein, resultiert aus der Annahme, nur so seine eigenen Bedürfnisse optimal befriedigen zu können. Der Konfliktpartner B wird dabei von A stets als Störfaktor empfunden, dessen Interesse darauf gerichtet ist, die Bedürfnisse von A zu ignorieren und dafür die eigenen zu befriedigen. **Konflikte sind insoweit immer**

ein „**Kampf der Emotionen**". Die zentrale Aufgabe für die Beteiligten ist es daher, der Emotionalisierung des Konflikts durch Rationalisierung zu begegnen.

Starken und standhaften Konfliktpartnern wird auch schnell klar, dass sie mit dem Versuch, sich gegenüber dem jeweils anderen Konfliktpartner einseitig durchzusetzen, nur scheitern und sogar den Konflikt verschärfen können. Oft kommt an diesem Punkt der Entwicklung eine rationale Komponente mit ins Spiel: Die Beteiligten fangen an zu kalkulieren, inwieweit auch andere Ergebnisse als die einseitige Gewinner-Verlierer-Situation geeignet sind, die Konfliktsituation zu beheben. Dabei achtet jeder darauf, sein Gesicht wahren zu können.

Die Gefahr besteht, dass die Beteiligten in dieser Phase auf **zwei ungünstige Lösungsmuster** verfallen, nur um dem Problem möglichst schnell zu entgehen:
- Verlierer-Verlierer-Situation
- Gewinner-Verlierer-Situation

Die **Verlierer-Verlierer-Situation** (lose-lose) beruht auf einem Vermeidungsverhalten: Die Konfliktpartner gehen dem Konflikt aus dem Weg, indem sie ihn für banal, überflüssig, nicht der Rede wert oder für „eigentlich" schon gelöst erklären. Vielleicht entschuldigen sie sich auch wechselseitig für das angebliche Fehlverhalten, das das Problem ausgelöst hat. Die Vermeidung einer ernsthaften Klärung des Konflikts schließt das Vermeiden ein, die Ursachen des Konflikts und damit die individuellen Bedürfnisse zu benennen und wechselseitig ernst zu nehmen. Diese unbefriedigten Handlungstendenzen der Konfliktpartner und dieses Unbefriedigtsein der Partner werden aber nicht gelöscht dadurch, dass auf der rationalen Ebene die Bedeutungslosigkeit des Unbefriedigtseins behauptet wird. Anders gesagt: Die emotionale Irritation, die der Konflikt geschaffen hat, bleibt bestehen, da diese durch die kognitive Relativierung ihrer Bedeutung selbst an Bedeutung nicht verliert. Weitere Probleme sind so vorprogrammiert.

Eine **Gewinner-Verlierer-Situation** (win-lose) als Ausgang eines Konflikts ist auf andere Weise unvorteilhaft und daher mindestens ebenso problematisch. Eine Gewinner-Verlierer-Situation liegt dann vor, wenn einer der Konfliktpartner einseitig nachgibt, sich also dem anderen unterwirft, ohne dass dieses Nachgeben auf der Grundlage von rationaler Einsicht geschieht. In dem Fall ist das Nachgeben, das

Einschwenken auf eine mögliche Lösung des Konflikts durch den anderen Konflikt-partner eben auch eine Art des Ausweichens vor den Folgen, die das Beharren auf den eigenen Bedürfnissen tatsächlich oder vermutlich hätte. In Erwartung weiterer Probleme im Umgang mit dem jeweils anderen Konfliktpartner und / oder in Erwartung sozialer Ablehnung, also aus Angst vor Schwierigkeiten, verzichtet im Falle einer Win-Lose-Situation ein Konfliktpartner darauf, seine Bedürfnisse angemessen in den Konfliktlösungsprozess einzubringen und zu vertreten. Auch hier bleiben Bedürfnisse unbefriedigt und sind damit Nährboden für spätere Konflikte.

⇨ *Bevor Sie weiterlesen:*

- Überlegen Sie Situationen im Schulalltag, in denen Sie selbst Lose-Lose- oder Win-Lose-Situationen zugelassen haben.
- Beurteilen Sie Ihr Verhalten und nennen Sie Alternativen.

Die Verlierer-Verlierer-Haltung und die Gewinner-Verlierer-Haltung kommen in der Praxis sehr häufig vor und überdecken die intendierte Win-Win-Situation. **In beiden Fällen wird eine Lösung an der Oberfläche produziert, während im emotionalen Untergrund das Problem bestehen bleibt.** Man wundert sich oft, weshalb Vereinbarungen als Resultat von Konfliktlösungen (als Kompromisse) nicht überdauern und in kurzer Zeit zu neuen Schwierigkeiten führen. Dies dürfte damit zu tun haben, dass Nachgeben und Vermeiden oft eine Rolle spielen. Wahrscheinlich liegt es daran, dass zu viele Menschen im engeren Sinne nicht konfliktfähig sind: Sie können Konflikte und die damit verbundenen unangenehmen Begleiterscheinungen (Konfrontation, negative Gefühle, Aushandeln etc.) nicht hinreichend lange aushalten. **Anders gesagt: Viele Menschen gehen zu oft „faule Kompromisse" ein, indem sie sich**

unterordnen oder Konfliktgesprächen ausweichen. Richtig ist aber auch: **Nur echte Win-Win-Situationen schaffen eine solide Basis für eine langfristige Aufhebung der Konflikte.**

Ein Konflikt darf nicht weiter unterhalten werden, wenn man ihn lösen will. Dazu ist es notwendig, dass sich die Gesprächspartner nicht weiter auf der Sachebene auseinandersetzen. Denn die Sachebene ist nur ein stellvertretender Schauplatz für den Beziehungskonflikt. Die Kommunikationspartner müssen die inhaltliche Ebene der Auseinandersetzung verlassen und sich auf eine **Meta-Ebene** begeben (s. Abb. 2). Hier sind Sie als Lehrer gefragt, immer wenn Sie im Unterricht einen Konflikt mit Schülern bemerken. Sie müssen mit den Schülern **über den Beziehungskonflikt reden**. Dies kann und sollte auch im Unterricht selbst geschehen.

**Kommunikation
über
Kommunikation**

*Gespräche über
den nicht-verbalen
Beziehungsaspekt
der Kommunikation*

*Klärung der
Beziehungssituation*

*Ich fühle mich nicht wohl dabei.
Laß uns doch mal
über die Sache reden.*

Abbildung 2: Meta-Kommunikation

Reden über den Beziehungskonflikt bedeutet aber nicht, dass der Lehrer die Konfliktsituation einseitig „löst". Einseitige Lösungen beruhen immer auf dem Einsatz von Macht und Position des Lehrers. In dem Fall werden die Schüler übergangen; es entsteht eine Gewinner-Verlierer-Situation. Die Schüler merken, dass sie nicht zum Zuge kommen, dass sie nicht ernst genommen werden. Dies führt unterschwellig zu weiterer Frustration und vielleicht auch offen zu Widerstand. Ziel muss es sein, über die Meta-Diskussion zu einer Klärung des Konflikts zu kommen. **Eine wirkliche Klärung eines Konflikts lässt keine Verlierer zurück. Es entsteht eine Gewinner-Gewinner-Situation (win-win).** Es ist im schulischen Alltag letztlich immer der Lehrer, der über die Art der Konfliktlösung entscheidet. Durch sein Verhalten macht er Schüler in Konfliktsituationen zu Gewinnern oder Verlierern.

Der Lehrer muss den Konflikt zum Thema machen, wenn der Konflikt nicht weiter im Verborgenen schwelen und das Unterrichten erschweren soll. Die Schüler werden aus eigener Kraft in der Regel ein Konfliktgespräch kaum anregen, weil die komplementäre Struktur der Lehrer-Schüler-Beziehung ein solches Schülerverhalten weitgehend ausschließt. Beim Ansprechen des Konfliktes sollte der Lehrer eine **Feedback**-Aussage verwenden:

> „Ich fühle mich durch euer Verhalten X behindert.
> Ich kann unter diesen Umständen den Stoff nicht durchkriegen,
> den ich mir für diese Stunde vorgenommen habe.
> Darüber möchte ich jetzt mit euch sprechen."

So oder so ähnlich könnte beispielsweise eine Feedback-Äußerung lauten, die den Lehrer-Schüler-Konflikt aus unserem Eingangsbeispiel aufnimmt. Es bietet sich an, das weitere Gespräch für die Schüler durch **Türöffner** zu erleichtern. Türöffner sind Formulierungen, die den Gesprächspartner inhaltlich nicht festlegen oder bewerten, ihm aber einen möglichen und auch gewünschten Einstiegspunkt zeigen. Beispiele, wie Sie als Lehrer einsteigen könnten:

- ♦ „Ich bin wirklich sehr interessiert zu erfahren, wie ihr die Situation erlebt."
- ♦ „Vielleicht könntet ihr mir eure Sicht der Lage beschreiben."
- ♦ „Ich glaube, das können wir nicht einfach so auf sich beruhen lassen."
- ♦ „Ich fühle mich in den letzten Stunden im Unterricht ziemlich unwohl. Ich würde darüber gern einmal mit euch sprechen."

Die eigentliche Konflikt-Lösung kann beginnen, wenn die Konfliktpartner durch geeignetes Feedback die Meta-Ebene der Kommunikation erreicht haben und zum Gespräch bereit sind. Der **Konfliktlösungsprozess** verläuft über **sechs Schritte**, die nacheinander und vollständig durchlaufen werden sollten (vgl. Gordon 1994; 2002 u. Abb. 3).

Konflikt-Lösung in 6 Schritten

1. Konflikt genau beschreiben

2. Lösungsvorschläge machen

6. Ergebnis prüfen

3. Bewertung der Lösungsvorschläge durchführen

5. Lösung planen und ausführen

4. Lösung auswählen

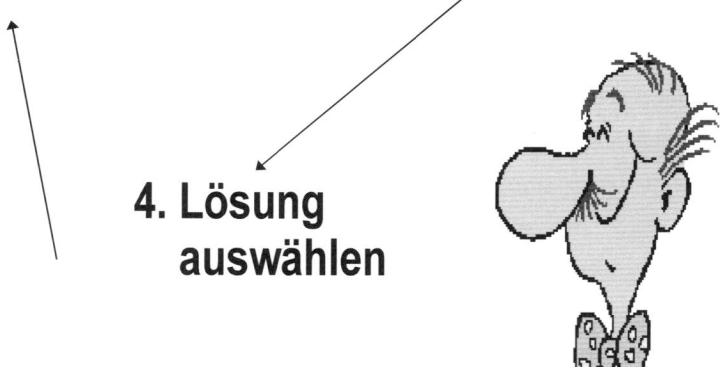

Abbildung 3: Strategie zur Konflikt-Lösung

Wichtig:

➢ Lehrer und Schüler reden offen über ihre Bedürfnisse im Blick auf die Konfliktsituation.

➢ Lehrer und Schüler gehen die sechs Schritte gemeinsam.

➢ Im Idealfall sind Lehrer und Schüler im Verlauf des Prozesses völlig gleichberechtigt (symmetrische Kommunikation).

➢ Es zählen nur rational begründete Argumente.

➢ Auch der Lehrer hält sich an die gemeinsam getroffenen Vereinbarungen.

Zur Erläuterung der sechs Schritte

1. Schritt: Konfliktsituation genau beschreiben

Die Kenntnis über die Existenz eines Konflikts klärt noch nicht, worin genau der Konflikt besteht. Der Konflikt muss daher präzise beschrieben werden. A) Wie und woran zeigt sich der Konflikt? Wer verhält sich wie? B) Worin liegt die Ursache für die Konfliktsituation? Welche Bedürfnisse haben die Konfliktparteien?

2. Schritt: Lösungsvorschläge machen

Im nächsten Schritt des Prozesses machen die Konfliktparteien Lösungsvorschläge für den Konflikt. Dies geschieht in Form eines Brainstormings, an dem alle Konfliktpartner beteiligt sind. In dieser Phase sollen die Vorschläge noch nicht kommentiert oder bewertet werden; jeder Vorschlag ist gleich wertvoll und wird in eine Liste möglicher Lösungen aufgenommen.

3. Schritt: Lösungsvorschläge bewerten

Die Konfliktpartner bewerten die Lösungsvorschläge anschließend. *Was spricht für einen Lösungsvorschlag? Welche Kräfte oder Umstände unterstützen ihn? Was spricht gegen einen Vorschlag? Welche Kräfte behindern die Umsetzung eines Lösungsvorschlags? Welche Hilfe brauchen die Konfliktpartner bei der Umsetzung einzelner Lösungsvorschläge? Wie und von wem könnten die Konfliktpartner Hilfe bekommen? Wie sicher ist ihnen diese Hilfe?* Die Pro- und Contra-Argumente werden gewichtet.

4. Schritt: Den besten Lösungsvorschlag auswählen

Anhand der vorgenommenen Wertungen und Gewichtungen benennen die Beteiligten den besten Lösungsvorschlag. Welcher Lösungsvorschlag bringt für beide Konfliktpartner zusammen die meisten Vorteile? Die Auswahl der besten Lösung geschieht einvernehmlich und mit voller Akzeptanz beider Konfliktparteien. Achtung: Akzeptiert wird als bester Vorschlag nur der, der beiden Seiten die meisten Vorteile bringt und der von beiden Konfliktpartnern akzeptiert wird. Es gibt also keine einseitige „Verzichtserklärung". Gemeinsames Ziel der Konfliktparteien ist es also, eine Gewinner-Gewinner-Situation zu erreichen.

5. Schritt: Den besten Lösungsvorschlag in die Praxis umsetzen

Zu wissen, wie es geht, bedeutet noch nicht, es auch zu tun. Die Konfliktparteien bestimmen deshalb genau, wie der ausgewählte Lösungsvorschlag in die Praxis umgesetzt werden soll. *Wer soll was tun? Wann soll er es tun? Wie soll er es machen? Wie können wir feststellen, ob die Umsetzung erfolgreich war? Wann sollen wir das Ergebnis prüfen?* sind Fragen, die an dieser Stelle zu beantworten sind. Am Ende dieser Phase weiß jeder Konfliktpartner, was er in Zukunft genau wie anders machen muss, um den Konflikt zu beseitigen.

6. Schritt: Die Lösungsergebnisse prüfen

Zu festgelegten Zeitpunkt prüfen die Konfliktpartner das Ergebnis der Konfliktlösung. *In welchem Maße ist es gelungen, den Konflikt beizulegen? Bleiben Fragen oder Probleme offen? Welche?* Stellen die Beteiligten fest, dass der Konflikt noch nicht zur Zufriedenheit aller behoben ist, müssen sie die sechs Schritte des Konfliktlösungsprozesses noch einmal durchlaufen. Dies geschieht so lange, bis alle Beteiligten mit dem Ergebnis der Prüfung einverstanden sind.

⇨ *Bevor Sie weiterlesen:*

- Wie gleichberechtigt können / sollen / dürfen Schüler und Lehrer im Verlauf des Lösungsprozesses sein? Berücksichtigen Sie dabei Ihre persönlichen Erfahrungen.

- In welchem Maße darf / muss in der Schulwirklichkeit der Lehrer von Schülern vorgeschlagene Lösungen akzeptieren, wenn diese Lösungen „vernünftig" sind?

- Wie schwierig ist es für Lehrer, in Konflikten mit Schülern offen ihre eigenen Bedürfnisse auszusprechen? Warum besteht diese Schwierigkeit?

⇨ Hinweis Streitschlichtung (Mediation)

An vielen Schulen sind Streitschlichter tätig. Sie nutzen in der Regel als Grundlage für ihre Arbeit das Sechs-Schritte-Modell, das wir in diesem Kapitel vorstellen (s. o.). **Im Rahmen der Mediation werden Schüler zu Streitschlichtern ausgebildet** (vgl. Kopietz / Schäfer 2006). Sie haben die Aufgabe, Streit zwischen Schülern nach bestimmten Regeln und Grundsätzen zu bearbeiten und mit den Beteiligten nach geeigneten Lösungen für die Konflikte zu suchen. Die Mediationskonzepte beziehen sich dabei im Blick auf das Menschenbild und die eingesetzten Strategien auf die humanistische Psychologie (Rogers, Gordon). Im Verlauf der Ausbildung erhalten die neuen Streitschlichter Hinweise und Hilfen u. a. zu folgenden Punkten:

♦ Aktives Zuhören und Empathie: Streitschlichter sollen die Konfliktparteien spiegeln (verbal und non-verbal) und sich möglichst gut in deren unterschiedliche Rollen und Sichtweisen versetzen.

♦ Vertraulichkeit: Streitschlichter sind wie Berater zur Verschwiegenheit verpflichtet über das, was sie im Rahmen der Mediation erfahren.

♦ Neutralität und Fairness: Streitschlichter müssen sich ihrer Rolle als neutrale Helfer bewusst sein. Sie müssen offen sein gegenüber beiden Konfliktpartnern.

♦ Moderation: Die Streitschlichter strukturieren das Konfliktgespräch. Dabei beziehen sie sich auf Gesprächsregeln, die allen Beteiligten bekannt gemacht werden.

In der Praxis entlastet die Streitschlichtung die Lehrer einer Schule wirkungsvoll im Blick auf die Unterrichts- und Erziehungsarbeit. Lehrer schicken Schüler zur Streitschlichtung, so dass dort die Konflikte bearbeitet werden, die den Lehrern beispielsweise in ihrem Unterricht aufgefallen sind und dort nicht direkt gelöst werden können. Dies ermöglicht dem Lehrer, sich intensiver auf seine Unterrichtstätigkeit zu konzentrieren (vgl. Kaeding / Richter / Siebel / Vogt 2005; vgl. in dem Zusammenhang auch das Trainingsraum-Programm bei Claßen / Nießen 2006 u. Balke 2003).

⇨ Bevor Sie weiterlesen:
   • Worin sehen Sie die Chancen der Mediation an Schulen?

- Welche Gefahren und Schwächen könnten Lehrer in der Streitschlichtung sehen?

- Wie beurteilen Sie die Chancen und den Nutzen der Mediation an der Schule?

2.5. Aufgaben des Lehrers als Konfliktpartner

Die Konfliktpartner benutzen ständig die Sprache, während sie einen Konflikt lösen. Die Sprache ist das wichtigste Hilfsmittel, um einen Konflikt sinnvoll zu bewältigen. Daher sollten sich die Konfliktpartner auch stets der Sprache bewusst sein, die sie wählen. Die Sprache muss im Laufe des Konfliktlösungsprozesses so verwendet werden, dass sie dem Prozess dient und ihn nicht behindert. Lehrer sind Schülern im Allgemeinen sprachlich überlegen; dies gilt auch für die Anwendung bestimmter Gesprächstechniken wie etwa die des Aktiven Zuhörens. Der Lehrer darf diese Überlegenheit nicht ausnutzen. Es ist seine Aufgabe als Erzieher, die Schüler in den Problemlösungsprozess so einzubinden, dass sie damit auch sprachlich zurechtkommen. Die folgende Liste enthält einige Tipps, die dem Lehrer helfen können, die Sprache während der Konfliktlösung angemessen einzusetzen und dadurch mit den Schülern gemeinsam schneller zu klaren Ergebnissen zu kommen (vgl. a. Neubauer 1999; Rademacher 2004 u. 2005).

Regeln für den kommunikativen Lösungsprozess

1. Glauben Sie an eine Lösung des Konflikts!

Gehen Sie nur dann in ein Konfliktlösungsgespräch, wenn Sie an die Lösung des Konflikts glauben. Der Glaube an die Möglichkeit, den Konflikt zu bewältigen, versetzt Berge. Pessimistische Grundannahmen dagegen machen Sie inflexibel und führen zu destruktivem Verhalten auf allen Seiten. Überzeugen Sie Ihre Schüler: Es geht jetzt um mehr als das Beharren auf individuellen Ansichten. Alle können gewinnen. Es geht um die Qualität der gemeinsamen Beziehung und damit um die Chancen der gemeinsamen zukünftigen Arbeit.

2. Stellen Sie Rapport her!

Nehmen Sie Kontakt mit Ihren Schülern auf und stellen Sie einen guten Draht zu ihnen her. Schauen Sie ihnen in die Augen, halten Sie den Blickkontakt. Spiegeln Sie die Körperhaltung einzelner Schüler und alles andere, was Ihnen sprachlich und nicht-sprachlich einfällt und möglich ist. Jede Übereinstimmung, die Sie mit den Schülern herstellen, schafft einen besseren Kontakt zu ihnen. Wir mögen Menschen, die etwas mit uns teilen und uns ähnlich sind. Wir finden sie sympathisch und sprechen lieber mit ihnen als mit anderen: Wir sind sicher, dass von solchen Menschen uns gegenüber keine Gefahr ausgeht. Nehmen Sie den Schülern die Angst!

3. Versetzen Sie sich in die Lage Ihrer Schüler!

Erleben Sie die Welt und die Konfliktsituation mit den Augen Ihrer Schüler, hören Sie alles mit ihren Ohren und fühlen Sie so wie sie. Seien Sie emphatisch und sprechen Sie aus, was Sie denken und fühlen. Versetzen Sie sich in die Lage der Schüler. Die Schüler nehmen die Welt nicht nur anders wahr als ein Lehrer, sondern sie deuten sie auch anders. Je näher Sie der Weltsicht Ihrer Schüler kommen, desto mehr werden Sie diese verstehen. Verstehen wiederum schafft emotionale Nähe und Vertrauen, es schafft Sympathie und Sicherheit. Das alles sind gute Voraussetzungen für eine gemeinsam vertretbare Lösung des Konflikts.

4. Zeigen Sie Verständnis!

Verstehen erzeugt Sympathie, aber nur wenn Sie das Verstehen auch zum Ausdruck bringen. Zeigen Sie verbal und nicht-verbal Aufmerksamkeit und Akzeptanz! Sprache, Mimik, Gestik und Körperhaltung bilden eine Einheit: Sie sind authentisch! Nehmen Sie die Situation und die Schüler in deren Lebens- und Selbstverständnis ernst! Bleiben Sie ruhig und gelassen. Gönnen Sie sich Zeit für das Konfliktgespräch. Lassen Sie jeden zu Wort kommen, der etwas beitragen möchte. Seien Sie demokratisch in Ihrem Verhalten und stellen Sie (soweit wie möglich) eine symmetrische Kommunikationssituation her.

5. Bleiben Sie beim aktuellen Konflikt!

Konfrontieren Sie die Schüler hier und jetzt nicht mit Konflikten aus früheren gemeinsamen Erfahrungen. Vermeiden Sie Generalisierungen. Dadurch würde die Situation (zu) stark emotionalisiert. Verteidigungshaltungen und offener Widerstand oder Ignoranz auf Seiten der Schüler wären die Folgen. Generalisierungen sind immer Lügen, das merken auch Schüler. Und dagegen werden sie sich wehren. Je klarer Sie den aktuellen Konflikt eingrenzen, desto eher werden Sie dafür zusammen mit den Schülern Lösungen finden.

6. Seien Sie ehrlich!

Formulieren Sie, was Sie wirklich denken, fühlen und wünschen. Nur so können die Schüler Sie rasch verstehen und sich auf Sie und Ihre Bedürfnisse einstellen. Überprüfen Sie Ihre eigene Wahrnehmung und deren Deutung. Korrigieren Sie Vorurteile, die Ihnen auffallen und Sie bei einer angemessenen Interpretation der Situation behindern. Seien Sie Mensch. Verzichten Sie darauf, eine institutionalisierte Rolle zu spielen. Und dennoch: Bleiben Sie Profi! Halten Sie Distanz und Nähe zugleich! Leben Sie professionelle Zuwendung!

7. Seien Sie offen für Veränderungen!

Hören Sie genau zu, was Ihnen die Schüler über ihre Sicht der Situation, über ihre Bedürfnisse und Wünsche sagen. Fragen Sie nach, wenn

Ihnen Aussagen, Skepsis oder gar Ängste unklar bleiben. Vermeiden Sie Unterstellungen, Rechtfertigungen, Alltagstheorien, Anklagen und Befragungen. Stellen Sie eine offene Atmosphäre her. So werden Sie offen für eine Veränderung Ihrer eigenen Perspektive. Dadurch kommen Sie leichter und tiefer mit den Schülern ins Gespräch.

8. Verwenden Sie Ich-Botschaften!

Sagen Sie das, was Sie sagen, in Ich-Sätzen! Und fordern Sie auch die Schüler dazu auf, so zu sprechen. Dadurch machen alle deutlich, dass das Gesagte im engen Sinne ihre jeweils persönliche Einschätzung ist, die von der anderen Seite nicht zwangsläufig geteilt werden muss. Vor allem die Schüler fühlen sich so weniger angegriffen. Die faktisch komplementäre Schüler-Lehrer-Beziehung wird so ein Stück weiter mehr in Richtung einer symmetrischen Kommunikation aufgehoben. Denn die Schüler kennen nur zu gut die Du-Botschaften, die sie zum Teil gegen alle Vernunft erziehen und sozialisieren sollen. Sie reagieren darauf oft genug mit berechtigtem Argwohn und mit Ablehnung.

9. Hören Sie reflektierend und aktiv zu!

Entschlüsseln Sie sowohl inhaltlich als auch auf der Gefühlsebene, was die Schüler sagen. Seien Sie behutsam bei der Deutung der Aussagen und non-verbalen Informationen. Spiegeln Sie dann die inhaltlichen Aussagen der Schüler ebenso wie deren Gefühle. Halten Sie sich mit Wertungen so weit wie möglich zurück. Versuchen Sie zu verstehen, wie die Schüler die Konfliktsituation wahrnehmen und erleben. Lassen Sie sich von den Schülern bestätigen, ob Sie diese richtig verstanden haben. Gehen Sie erst dann auf das Gesagte ein, wenn Sie ganz sicher sind: „Ich habe euch verstanden."

⇨ *Bevor Sie weiterlesen:*

♦   ⇨ *Beispiel: Reflektierendes und aktives Zuhören*

Reflektierendes und aktives Zuhören sind Techniken zu spiegeln, die besonders wirksam Rapport herstellen. Reflektierendes Zuhören heißt das

Rückmelden der inhaltlichen Aussagen des Gesprächspartners, wobei mehr als eine bloße Paraphrase der Äußerungen erforderlich ist. Aktives Zuhören spiegelt dagegen die emotionalen Inhalte einer Aussage, die oft zunächst verborgen sind. Manche benutzen den Begriff aktives Zuhören auch für beide Aspekte einer sprachlichen Botschaft, also für die inhaltliche und die emotionale Dimension. In jedem Fall bedeutet reflektierendes bzw. aktives Zuhören das **wertfreie Rückmelden** der jeweiligen Botschaft. Hört jemand reflektierend oder aktiv zu, beurteilt er die Äußerungen seines Gesprächspartners nicht; er bleibt neutral und gibt in dieser Phase auch keine Ratschläge (vgl. Rogers 2005a; Kliebisch / Meloefski 2009e, Kap. 2 u. 3).

Abbildung: Aktives Zuhören

Menschen sagen nicht immer alles, was sie sagen könnten. Sie tilgen Informationen oder verzerren und generalisieren sie. Dieser Umstand erschwert die menschliche Kommunikation. Zusätzlich äußern sich manche Menschen unklar, so dass Missverständnisse vorprogrammiert sind. Missverständnisse im Gespräch behindern aber den Rapport; guter Rapport setzt Verstehen voraus. **Ein guter Kommunikator nutzt das reflektierende bzw. aktive Zuhören, um Missverständnissen im Gespräch vorzubeugen und Verstehen zu erzeugen.** Wie macht er das?

Ein professioneller Kommunikator kennt die Strukturen, die während eines Gesprächs wirksam sind: Dazu ein Beispiel (Abb. 4): Der Sprecher, hier ein Junge, erklärt seiner Mutter, heute noch sehr viel für die Schule tun zu müssen. Diese Aussage des Kindes ist bereits eine Verschlüsselung dessen, was der Junge tatsächlich denkt und was ihn bewegt; es ist also eine Kodierung seiner Gedanken und seiner Gefühle. Der Junge hat eine 5 in Mathematik nach Hause gebracht; er weiß, dass sein Vater dies nicht kommentarlos hinnehmen wird. Deshalb möchte er ihm an diesem Tag lieber nicht mehr begegnen. Vielleicht hat sich der Vater ja bis morgen beruhigt und die Auseinandersetzung wird dann weniger heftig.

Die Mutter versteht, was ihren Sohn bewegt, und sie hört daraufhin reflektierend und aktiv zu (s. Abb.). Sie sagt ihrem Kind zuerst, was sie inhaltlich verstanden hat: „Du möchtest mit Vati heute nicht mehr sprechen." Dann entschlüsselt die Mutter die Aussage ihres Sohnes im Blick auf deren emotionalen Gehalt, den der Junge zunächst explizit verschwiegen hat. Die Mutter meldet ihrem Sohn zurück, was sie an Emotionalität aus seiner Äußerung heraushört: „Du hast Angst, dass Vati dir die Leviten liest." Dabei bewertet die Mutter die Äußerung ihres Sohnes nicht, wodurch sich das Kind verstanden fühlt.

Natürlich kann man die Aussagen eines Menschen falsch interpretieren. Insbesondere lässt sich nicht immer ohne weiteres der emotionale Gehalt einer Aussage herausfinden, da die Strategien der Menschen, Gefühle zu verbergen, sehr vielschichtig sind. Manche Gefühle lassen sich auch nur schwer in Worte fassen. Doch selbst wenn man mit der Deutung einer Aussage einmal falsch liegt, ist dies nicht weiter schlimm. Schließlich hat der Gesprächspartner ja sofort die Gelegenheit, die fehlerhafte Interpretation zu korrigieren. Abgesehen von potentiellen Fehldeutungen haben reflektierendes und aktives Zuhören einen großen Nutzen: **Der Kommunikationspartner**, dem man aktiv zuhört, erlebt sich in Übereinstimmung mit seinem Gegenüber, er **fühlt sich also von seinem Partner voll verstanden und akzeptiert**. Er erlebt eine Kongruenz zwischen seinen eigenen Aussagen und Empfindungen und dem, was sein Gesprächspartner davon versteht (vgl. Kliebisch / Schmitz 2005).

Aktives und reflektierendes Zuhören schaffen ein einfühlendes Verständnis der Person, nicht ein Verständnis über sie. Durch dieses emphatische Verstehen wird derjenige, dem man aktiv bzw. reflektierend zuhört, „frei sich auf den Weg zu machen und kann anfangen, darüber nachzudenken, wie er sich ändern will, wie er wachsen will, wie er anders werden kann, wie er mehr von dem werden könnte, was er zu sein fähig ist." (Gordon 1994, 58) Aktives bzw. reflektierendes Zuhören ist damit eines der wichtigsten Hilfsmittel, um guten Rapport herzustellen.

⇨ *Übung: Aktives Zuhören*

◆ Lesen Sie die folgenden Schüleräußerungen.

◆ Überlegen Sie, wie Sie auf diese Äußerungen mit reflektierendem und aktivem Zuhören reagieren könnten. Formulieren Sie evtl. mehrere Varianten.

◆ Notieren Sie Ihre Äußerungen.

◆ Besprechen Sie Ihre Äußerungen des aktiven und reflektierenden Zuhörens mit Ihren Kolleginnen und Kollegen.

„Ich habe da schon so viel Energie reingesteckt. Aber das hat alles nichts gebracht. Ich glaub', ich schaff' das Schuljahr diesmal nicht."	

„Wenn ich eine Arbeit schreiben muss, hab' ich schon Tage vorher ein schlechtes Gefühl. Ich krieg' dann immer Durchfall und auch sonst bin ich ganz schlecht drauf."	
„Ich habe das schon so oft gehört: *Mach' deine Aufgaben, sobald du nach Hause kommst.* Aber ich krieg' das einfach nicht gebacken. Ich weiß auch nicht, was ich machen soll."	
„Meine Perspektive mit zwei Fünfen ist doch wohl gleich null. Wie wollen Sie mir denn da helfen. Das hab' ich doch ganz allein verbockt und das muss ich wohl auch ganz allein wieder ausbaden."	
„Ich hab' da ein Problem. Irgendwie versteht mich meine Freundin nicht. Ich weiß auch nicht, was da läuft. Das ist doch so lange gut gegangen. Warum jetzt nicht mehr. Ich blick' da nicht durch."	
„Philipp hat mich wieder mit Kreide beworfen. Und Anja und Claudia werfen auch immer irgendwelches Zeug durch die Gegend, das ich dann abkrieg'. Da hab' ich zurückgeschlagen. Ich weiß auch nicht, wie das passiert ist."	

„Wenn man so viel erlebt hat wie ich, kann man den Mut schon verlieren. Ich möchte mich ja ändern. Aber wie soll ich das denn machen. Ich stell' mir immer vor, was dabei rauskommt. Ich weiß nicht ...“	
„Mirko hat mir gestern gedroht, er wird mich heute verprügeln. Dem werde ich's schon zeigen. Das kann der mit mir nicht machen.“	
„Ich habe einfach keine Lust, Hausaufgaben zu machen. Das bringt mir eh nichts. Das ist doch bloß die ständige Wiederholung des Stoffs aus der Stunde.“	
„Ich verstehe Mathematik einfach nicht. Das war schon in der 8 so.“	
„Meine Eltern wollen sich bald scheiden lassen. Das geht mir ganz schön auf die Nerven. Im Moment wohne ich bei meiner Mutter, abends bin ich aber meist bei meinem Vater.“	

2.6. Arbeitsanregungen und Interaktionsspiele

Konflikte in der Schule

Worin liegen nach Ihrer Meinung für den Lehrer besondere Probleme beim Wahrnehmen von Konflikten?	
Machen Sie (A) mit einem Partner (B) folgende Übung: Setzen Sie sich einander gegenüber. A verändert in Abständen von 10 bis 15 Sekunden seine Körperhaltung. B spiegelt. Dauer: 5 Minuten. Wechseln Sie danach die Rollen. – Formulieren Sie Ihre Beobachtungen und besprechen Sie diese.	
Machen Sie (A) mit einem Partner (B) folgende Übung: A und B stehen einander in geringem Abstand gegenüber. A stellt pantomimisch Alltagshandlungen dar. B spiegelt. Dauer: 8 Minuten. Danach Rollenwechsel. – Formulieren Sie Ihre Beobachtungen und besprechen Sie diese.	
„Jeder Lehrer sollte sich über Konflikte mit Schülern freuen." Inwieweit stimmen Sie dieser These zu?	

„Lehrer mit einer hohen sozial-kommunikativen Kompetenz haben es meist schwer, in Konfliktsituationen angemessen zu reagieren." Was meinen Sie dazu?	
Inwieweit ist das Ignorieren eines Konfliktes geeignet, den Konflikt zum Verschwinden zu bringen?	
In welchen Phasen eines Konfliktlösungsprozesses können operantes Konditionieren und Modelllernen eine Rolle spielen?	
Sie erscheinen fünf Minuten zu spät zum Unterricht. Zwei Ihrer Schüler prügeln sich am Boden. Was hat die Situation für Sie mit einem Konflikt zu tun?	
Nehmen Sie an, die Hälfte der Schüler einer Klasse macht keine Hausaufgaben. Analysieren Sie: Inwieweit handelt es sich hier für wen um einen Konflikt? Welche Schlüsse ziehen Sie aus Ihrer Analyse?	

Beschreiben und beurteilen Sie das Menschenbild, das der 6-Schritte-Methode zur Lösung von Konflikten zugrunde liegt.	
Wo sehen Sie Grenzen der 6-Schritte-Methode in der Institution Schule? Worin sehen Sie den Nutzen des Verfahrens?	
„Bei der 6-Schritte-Methode werden die Schüler viel zu ernst genommen." Nehmen Sie Stellung zu der Aussage.	
„Kinder und Jugendliche müssen lernen, Bedürfnisse auch einmal zurückzustellen." Was meinen Sie zu der Aussage? In welchem Verhältnis steht die Aussage zum Anspruch der 6-Schritte-Methode?	
Welche Situationen können Sie sich vorstellen, in denen Sie einen Konflikt unter Schülern beilegen müssen? Wie gehen Sie dabei vor?	

Bestimmen Sie an einem konkreten Beispiel das Verhältnis von „Unterrichtsstörung" und „Konflikt". Inwieweit verändert sich Ihr Verhalten als Lehrer in Abhängigkeit davon, ob Sie ein Phänomen als Unterrichtsstörung oder als Konflikt erleben?	
Nehmen Sie an, Sie lassen einen Schüler trotz dessen früher Meldung erst am Ende einer Gesprächsphase zu Wort kommen. Inwieweit haben Sie einen Konflikt erzeugt?	
Welchen Sinn kann es haben, Konflikte mit Schülern nicht im Unterricht zu behandeln? Wie würden Sie außerhalb des Unterrichts vorgehen, um die Konflikte zu bearbeiten?	
Was halten Sie davon, mit Schülern ein Konflikt-Training durchzuführen? Dabei wird in Rollenspielen angemessenes Konfliktverhalten eingeübt (assertives Training).	
Informieren Sie sich über die Trainingsraum-Methode (s. z. B. Balke 2003). Was halten Sie von diesem Konzept? Inwieweit würden Sie es nutzen? Warum?	

Welche Gefühle haben Ihrer Meinung nach Menschen am häufigsten, wenn sie in einem Konflikt sind? Was bedeutet Ihre Antwort für die Möglichkeit und die Art, Konflikte in der Schule zu bereinigen?	
„Meinungsverschiedenheiten sind zwar keine Konflikte, sie sind aber oft Stellvertreterkriege und zeigen verborgene Konflikte an." Was meinen Sie zu dieser These? Hätte es Auswirkungen auf Ihr Verhalten als Lehrer, wenn die These zuträfe?	
„Kooperatives Lernen vermittelt den Schülern ganz nebenbei die Fähigkeit, mit Konflikten konstruktiv umzugehen." Wie sehen Sie das?	
Nehmen Sie an, Sie sollen an Ihrer Schule ein Konzept zur Mediation entwickeln. Was würden Sie besonders beachten?	

Lehrer sollen im Schulsystem zugleich fördern und selektieren. Beschreiben Sie die Struktur und die Folgen dieses inneren Konflikts. Wie gehen Sie mit diesem Konflikt um? Was raten Sie Kolleginnen und Kollegen im Blick auf diesen Konflikt?	
Was verstehen Sie unter einem Konflikt? Nennen Sie konkrete Beispiele aus dem Schulalltag.	
Worin können in der Schule Ursachen für Konflikte liegen?	
Welche Motive können Konfliktpartner für Ihr Verhalten haben? Erläutern Sie solche Motive an einem Schulbeispiel.	
Welche Gedanken und Gefühle hatten Sie, als Sie mit Schülern in einem Konflikt waren?	

Welche Arten der Konfliktlösung beobachten Sie im (Schul)Alltag? Wie beurteilen Sie diese Strategien?	
Welche Folgen kann es haben, wenn Sie als Lehrer einen Konflikt durch Nutzen Ihrer Machtposition regeln?	
Stellen Sie die „Niederlage-lose-Methode" nach Gordon dar. Worin liegt der Nutzen dieser Methode?	
Wo sehen Sie im Schulalltag Möglichkeiten und Grenzen für die „Niederlage-lose-Methode"?	
Schüler weigern sich, an einem heißen Tag Unterricht zu machen. Wie reagieren Sie?	

Führen Sie dieses **Interaktionsspiel** durch: *5 Personen bilden ein Team. Das Team soll den Fluss Oligo überqueren. Sie bekommen dazu 5 Steine, auf die Sie treten dürfen (= 5 DIN-A-4-Blätter). Während der Flussüberquerung muss jeder von Ihnen mindestens ein anderes Teammitglied an der Hand halten und jedes Teammitglied muss immer auf einem oder auf zwei Steinen stehen. Die Steine müssen Sie mitnehmen. Auswertung: Gewonnen hat das schnellste Team.*	Fragen und Aspekte, die Sie miteinander besprechen können: Was war schwierig bei der Umsetzung des Spiels? Welche Alltagserfahrungen spricht das Spiel an? Übertragen Sie Ihre praktischen Schwierigkeiten auf die Alltagssituationen. Welches Verhalten hilft, bei dem Spiel erfolgreich zu sein?

Was bedeutet dies für die Alltagserfahrungen?

Inwieweit kann es in der Spielsituation zu echten Konflikten kommen?

Wie müssen diese gelöst werden?

Ziehen Sie aus den Überlegungen Schlüsse für die Art, wie Sie Konflikte mit Schülern lösen wollen.

	Nehmen Sie an, Sie lassen Schüler das Spiel spielen. Welche Parallelen vermuten Sie zwischen dem Schülerverhalten und Ihrem eigenen?
	Formulieren Sie die für Sie selbst wichtigsten Einsichten aus dem Spiel in drei Thesen.
Führen Sie dieses **Interaktionsspiel** durch: *5 Personen bilden ein Team. Das Team soll ein Papierflugzeug basteln, das möglichst weit fliegt. Dieses Material steht zur Verfügung: 4 DIN-A4-Blätter Papier 1 Lineal (30 cm lang) 1 Schere 1 Tube Klebstoff* Auswertung: *Gewonnen hat das Team, dessen Flieger die größte Strecke zurücklegt.*	Fragen und Aspekte, die Sie miteinander besprechen können: Welche Probleme sind bei der Interaktion in der Gruppe entstanden? Wie sind Sie mit diesen Problemen umgegangen?

Wie kooperativ haben Sie sich in der Gruppe verhalten?

Wie intensiv haben Sie aktiv und reflektierend zugehört?

Wie erklären Sie sich Ihr Verhalten im Blick auf aktives und reflektierendes Zuhören?

Was sagt Ihnen Ihr Verhalten während des Spiels über die Art, wie Menschen Teamaufgaben bewältigen?

Welche Konflikte sind während des Spiels aufgetreten?

Wodurch ist zu erklären, dass diese Konflikte entstanden sind?

Welche Art der Konfliktlösung haben Sie angewendet?

Wie beurteilen Sie diese Konfliktlösungsstrategie?

Welche Schlüsse ziehen Sie aus Ihren Erfahrungen mit dem Spiel für Unterrichtssituationen, in denen Konflikte auftreten?

Nehmen Sie an, Sie lassen Schüler das Spiel spielen. Welche Parallelen vermuten Sie zwischen dem Schülerverhalten und Ihrem eigenen?

Ihre wichtigste Einsicht, die Sie aus diesem Spiel gewonnen haben:

3.

Stress und Stress-bewältigung

„Stress bedroht die Gesundheit,
das Wohlbefinden, man scheut und fürchtet
ihn als Überanstrengung, als Überbelastung."

(Frederic Vester)

3.1. Belastungen und Stress

3.1.1. Die Alltagssituation

Übung

Beginnen Sie die Bearbeitung dieses Kapitels mit der Einschätzung Ihrer Belastungen und der eigenen Stresssituation.

1. Denken Sie an Ihren Alltag in den letzten 14 Tagen zurück (Schule, unterrichtsfreie Zeit, Wochenende). Benennen Sie für die jeweiligen Tage Situationen, die Sie als belastend empfunden haben.

2. Wie intensiv waren die einzelnen Belastungen für Sie? Bewerten Sie die jeweils genannten Belastungen mit „1" (= sehr geringe Belastung) bis „5" (= sehr starke Belastung).

Belastung Nr.	Grad der Belastung „1" bis „5"

3. Beschreiben Sie, worin genau die Belastungen der einzelnen Situationen für Sie bestanden / bestehen.

Belastung Nr.	Art der Belastung

4. Ordnen Sie die Belastungen den Bereichen Unterricht (U) / Arbeitsstätte Schule und Seminar (S) / Lebensereignis (L) zu. Wie verteilen sich die Situationen auf diese Bereiche? Wie haben sich die Belastungen der verschiedenen Lebensbereiche aufeinander ausgewirkt?

Belastung Nr.	Zuordnung zu den Bereichen U, S oder L

5. Was haben Sie getan, um den belastenden Situationen zu begegnen?

Belastung Nr.	Mein Verhalten

3.1.2. Quellen für Stress

Lehrer müssen sich in ihrem Beruf auf **viele unterschiedliche Aufgaben** einstellen. Außer der Vor- und Nachbereitung sowie der Durchführung von Unterricht gehören dazu die Korrektur von Schülerarbeiten, Gespräche mit Schülern und mit deren Eltern über Erziehungsmaßnahmen, Leistungsbewertungen und das Erstellen von Leistungsprognosen, die Durchführung von Klassen-/Kursfahrten, das Führen von Klassenbüchern, Kursheften und Personalbögen. Die Arbeit an der Schule ist bestimmt durch zahlreiche Konferenzen, die sich auf verschiedene Belange der Schule und der Schüler beziehen. Viele dieser Prozesse erfordern zudem Gespräche mit Kollegen, mit der Schulleitung oder auch der Schulaufsicht. Referendare sind außerdem durch Seminarveranstaltungen und Unterrichtsbesuche beansprucht; sie müssen sich mit ihren Ausbildern in Schule und Seminar absprechen, sie müssen Unterrichtsentwürfe und Hausarbeiten schreiben und sich zu gegebener Zeit auf Prüfungen vorbereiten. Hinsichtlich der Bewältigung dieser Aufgaben sind gestandene Lehrer wie auch Lehramtsanwärter oft Einzelkämpfer (vgl. Schaarschmidt 2005).

Lehrer haben es heute auf Grund der **gesellschaftlichen Bedingungen** und der **Sozialisationserfahrungen der Kinder und Jugendlichen** mit mehr problematischen Schülern zu tun als in früheren Zeiten; der Unterricht ist sehr störanfällig, konzentriertes Unterrichten ist durchgehend erschwert. Zentrale Prüfungen, Kernlehrpläne und Standardisierungen schaffen zusätzliche Arbeit. Das pädagogische Engagement erlaubt kein Verschnaufen; sonst können Erziehungs- und Bildungsarbeit an der Schule kaum verwirklicht werden (vgl. Baacke 2007; Nieskens 2007).

Lehrer müssen Jahr für Jahr unter großem Aufwand viel bieten, erhalten dafür aber kaum etwas zurück. Von Fall zu Fall ist lediglich das direkte Feedback einer Lerngruppe oder einzelner Schüler oder indirekt die Teilhabe am Erfolg einer Lerngruppe eine gewisse Anerkennung für die geleistete Arbeit. Die Komponente der Selbstwirksamkeit wird in der Regel allmählich aufgebaut, kann aber nicht in geeigneter Weise optimiert werden. Alle diese Faktoren führen in wenigen Jahren bereits zu Stress, der sich meist zunächst physiologisch bemerkbar macht, z. B. durch Verspannungen und Schmerzen der Muskulatur oder eine gehäufte Anfälligkeit für Erkäl-

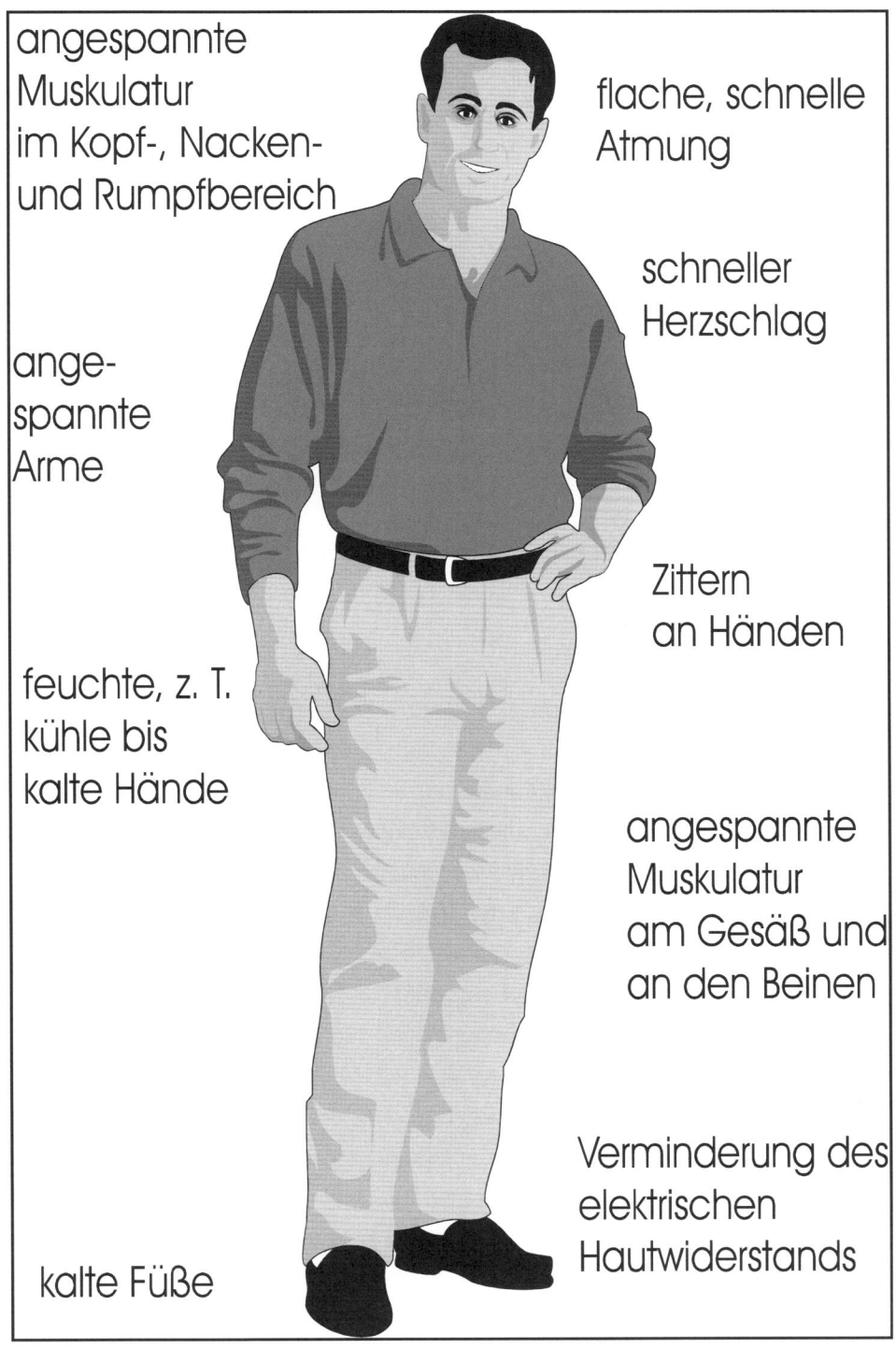

angespannte Muskulatur im Kopf-, Nacken- und Rumpfbereich

ange- spannte Arme

feuchte, z. T. kühle bis kalte Hände

kalte Füße

flache, schnelle Atmung

schneller Herzschlag

Zittern an Händen

angespannte Muskulatur am Gesäß und an den Beinen

Verminderung des elektrischen Hautwiderstands

Abbildung: Physiologische Wirkungen von Stress

tungskrankheiten, sich aber auch in emotionaler Erschöpfung, Verminderung der persönlichen Leistungsfähigkeit und Depersonalisierung zeigt (s. a. Abbildung S. 133).

Hinzu kommen kann Stress aus dem **privaten Lebensbereich**. Die individuellen Lebensereignisse eines Lehrers können den bis dahin geradlinig verlaufenen Lebensweg stark beeinträchtigen oder sogar unterbrechen. Partnerschaftsprobleme, erziehungsschwierige Kinder, eine plötzlich auftretende Krankheit, ein Unfall oder Veränderungen in der Familiensituation wirken belastend. Solche stressbedingenden Ereignisse entziehen sich oft den Einflussmöglichkeiten einer Person und kommen meistens zum „falschen Zeitpunkt".

3.1.3. Lebensbereiche und Situationen

Die Lebensgestaltung eines Menschen wird allgemein in folgenden **Lebensbereichen** bestimmt:

- Lebensereignisse
- Umwelt / Arbeitsplatz
- interpersonale Beziehungen

Lebensereignisse verändern die Lebenssituation eines Menschen. Man unterscheidet dabei zwischen normativen und nicht-normativen Lebensereignissen. Die normativen Lebensereignisse sind entwicklungs- und gesellschaftsbedingt (z. B. Schulabschluss, Berufsqualifizierung, Heirat, Beförderung), die nicht-normativen sind durch zufällige Umstände bedingt (z. B. Unfall, Krankheit). **Umwelt** kann sozialer und physischer Natur sein. Erstere umfasst das soziale Netzwerk mit allen Einrichtungen der Gesellschaft. Die Struktur sozialer Einrichtungen (Organisationen, Arbeitsplatz) und die Qualität sozialer Netzwerke wirken sich auf die Lebensgestaltung eines Menschen aus. Bei der physischen Umwelt lässt sich zwischen einer vom Menschen produzierten Umwelt (Struktur eines Lebensraums wie z. B. Wohnlandschaft, Lärm u. a.) und der natürlichen Umwelt (z. B. Klima, Klimakatastrophen) unterscheiden. Der Aspekt **interpersonale Beziehungen** meint die Qualität von Beziehungen in Gruppen, denen man angehört: Unterschieden werden Primärgruppen (z. B. Familie, Lebensgemeinschaften) von Sekundärgruppen (Schulklasse, Kollegium an der Schule, Sportverein usw.; vgl. Kliebisch / Meloefski 2009c).

Alle diese Bereiche beeinflussen sich gegenseitig. Mehrere günstige oder ungünstige Bedingungen können sich wechselseitig verstärken (vgl. Balliet 2009); Belastungen in dem einen Bereich können sich aber auch durch günstige Bedingungen in einem anderen Bereich ausgleichen. Die konkreten Ereignisse und Bedingungen dieser Lebensbereiche werden als Situationen oder auch als Reize bezeichnet.

⇨ *Bevor Sie weiterlesen:*

- In welchen Lebensbereichen fühlen Sie sich besonders belastet?
- Woran merken Sie, dass Sie belastet sind?
- Welche Auswirkungen hat(te) diese Belastung, die Sie bei sich festgestellt haben, auf Körper, Erleben, Leistung und Sozialverhalten?

3.1.4. Was ist Stress? – Eine allgemeine Beschreibung

Der **Begriff „Stress"** wurde von dem Zoologen Hans Selye 1936 (1990) aus der Physik entlehnt. Im Englischen bedeutet dieser Begriff „Zug oder Druck auf ein Material" (stress <engl.> – Druck, Anspannung; stringere <lat.> – anspannen). Mit diesem Begriff kennzeichnete man in der Verhaltenspsychologie Reaktionen bei Tieren und Menschen auf jegliche Anforderungen. Ursprünglich wurde der Begriff auf das Verhalten von Flucht oder Angriff bezogen, das im Tierreich als Notfallreaktion das Über-leben sichert. Diese alternative Handlungsbereitschaft wird durch eine vegetative Reaktionskette ausgelöst, die durch körpereigene Hormone geregelt wird und die die Aktivierung der Muskulatur, des Kreislaufs und der zentralnervösen Aufmerksamkeit zur Folge hat (vgl. Becker 2006).

Die physiologischen Bedingungen von Stress werden beim Tier durch die Aktivitäten Flucht, Angriff oder durch Übersprungshandlungen zurückgefahren. Auch der Mensch ist auf diese Notfallreaktionen physiologisch ausgerichtet, kann diese aber in konkreten Situationen im Alltagshandeln nicht ausleben. Entsprechende Situationen bedeuten daher Stress für einen Menschen. Dieser Stress muss „abgearbeitet" wer-den. Sonst befindet sich ein Mensch ständig in einem erhöhten Erregungszustand, der sich schädigend auf seinen Körper auswirkt. Durch die in der zivilisierten Gesell-schaft bestehende **Flucht- und Aggressions-Bremse** kann Stress zu chronischen Erkrankungen sowohl der Seele als auch des Körpers führen.

⇨ *Bevor Sie weiterlesen:*

- Manche Einstellungen zur Schule und zum Referendariat bzw. zu be-stimmten Ausbildern erzeugen Stress. Nennen Sie einige Beispiele für sol-che Einstellungen. Begründen Sie Ihre Aussagen.

- „Stress verändert die Wahrnehmung." Erläutern Sie diese Aussage mit Hilfe von Beispielen aus Ihrem Schul- oder Ausbildungsalltag.

- Angst ist eine Art Stress. Erläutern Sie die folgende Aussage: „Wer Angst vor dem Unterrichten verdrängt, den holt die Angst umso schneller ein."

In einem ersten Schritt können körperorientierte **Methoden der kurzfristigen Belastungserleichterung** einen Erregungszustand mildern. Dies ist grundsätzlich möglich wegen der Vernetzung von körperlichen und mentalen Reaktionen des Organismus. Atemübungen und Übungen zur Muskelentspannung greifen in die unwillkürlichen Körperreaktionen ein. Bei jeder Belastung wird die Atmung schneller und flacher; der Stress wird vermindert, wenn man die Atmung vertieft und verlangsamt. Bei mentaler Anspannung verkrampft auch die Muskulatur; Muskelentspannung sorgt daher auch für eine psychische Entspannung. Auch über das Autogene Training wird ein entspannter Zustand des Körpers mit positiver Rückwirkung auf den geistigen Zustand erreicht (vgl. Geisselhart / Hofmann 2008).

Im Folgenden werden drei **Entspannungsübungen** vorgestellt, die die physiologischen / vegetativen Bedingungen verbessern. Zweckmäßig ist es, wenn man die gewählte Übung für einige Wochen täglich durchführt. Bei der Durchführung der Übungen sollte man sich wohlfühlen. Eine Übung sollte man nicht länger nutzen, wenn sie missfällt oder bei ihr Unbehagen aufkommt. Nach dem dritten Übungsbeispiel ist eine Reihe von Fragen angeführt, mit deren Hilfe Sie Ihre Erfahrungen mit den Übungen beschreiben und bewerten können.

⇨ *Übung: Atmung kontrollieren*

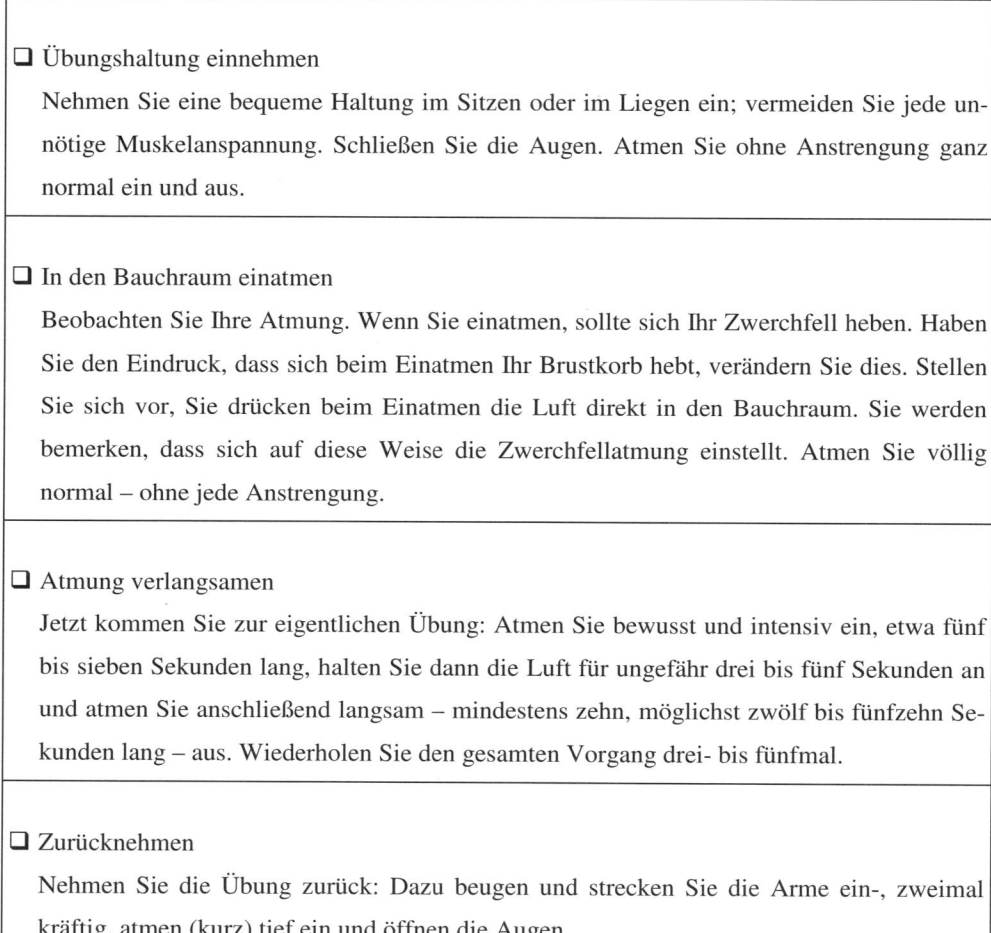

❑ Übungshaltung einnehmen

Nehmen Sie eine bequeme Haltung im Sitzen oder im Liegen ein; vermeiden Sie jede unnötige Muskelanspannung. Schließen Sie die Augen. Atmen Sie ohne Anstrengung ganz normal ein und aus.

❑ In den Bauchraum einatmen

Beobachten Sie Ihre Atmung. Wenn Sie einatmen, sollte sich Ihr Zwerchfell heben. Haben Sie den Eindruck, dass sich beim Einatmen Ihr Brustkorb hebt, verändern Sie dies. Stellen Sie sich vor, Sie drücken beim Einatmen die Luft direkt in den Bauchraum. Sie werden bemerken, dass sich auf diese Weise die Zwerchfellatmung einstellt. Atmen Sie völlig normal – ohne jede Anstrengung.

❑ Atmung verlangsamen

Jetzt kommen Sie zur eigentlichen Übung: Atmen Sie bewusst und intensiv ein, etwa fünf bis sieben Sekunden lang, halten Sie dann die Luft für ungefähr drei bis fünf Sekunden an und atmen Sie anschließend langsam – mindestens zehn, möglichst zwölf bis fünfzehn Sekunden lang – aus. Wiederholen Sie den gesamten Vorgang drei- bis fünfmal.

❑ Zurücknehmen

Nehmen Sie die Übung zurück: Dazu beugen und strecken Sie die Arme ein-, zweimal kräftig, atmen (kurz) tief ein und öffnen die Augen.

Profitipp:

Sollten Sie Schwierigkeiten haben, den Vorgang des Ausatmens entsprechend zu verlängern, benutzen Sie als Hilfe die **Lippenbremse**: Atmen Sie dazu nicht durch die Nase, sondern durch den Mund aus; lassen Sie dabei die Luft langsam mit einem leisen Zischen durch die fast geschlossenen Lippen strömen.

⇨ *Übung: Progressive Muskelentspannung (einfache Form)*

❑ 1. Schritt: Ausgangsposition einnehmen

Diese Übung in verkürzter Form ist geeignet in dem Fall, dass Sie nur wenig Zeit haben. Legen Sie sich auf den Rücken; spreizen Sie die Beine leicht, legen Sie die Arme neben den Körper, etwas angewinkelt, und schließen Sie die Augen. Atmen Sie ohne Anstrengung ganz ruhig ein und aus.

❑ 2. Schritt: Muskeln anspannen

Spannen Sie nun *nacheinander* ohne zeitliche Unterbrechung folgende Muskeln an:

- Drücken Sie die Zehen in Richtung Boden.
- Spannen Sie dann die Beinmuskeln an; sorgen Sie dafür, dass die Beine gestreckt sind.
- Spannen Sie zusätzlich das Gesäß an, heben Sie es leicht von der Unterlage ab.
- Spannen Sie die Bauchmuskeln an.
- Ballen Sie die Hände zu Fäusten, spannen Sie die Armmuskeln an.
- Beißen Sie die Zähne zusammen und kneifen Sie die Augen zu.
- Halten Sie die Spannung etwa 15 bis 20 Sekunden lang, und entspannen Sie dann. Wiederholen Sie diesen Vorgang ungefähr drei- bis fünfmal.

❑ 3. Schritt: Zurücknehmen

Nehmen Sie die Übung zurück. Beugen und strecken Sie dazu die Arme ein-, zweimal kräftig, atmen Sie tief ein, und öffnen Sie dann die Augen. Warten Sie mit dem Aufstehen, bis Sie sich reorganisiert haben.

⇨ *Übung: Autogenes Training (einfache Form)*

❑ 1.Schritt: Übungshaltung einnehmen

Legen Sie sich bequem auf den Boden oder auf eine Couch oder ein Bett; unterstützen Sie den Kopf mit einem Kissen. Spreizen Sie die Beine leicht, die Arme liegen angewinkelt neben dem Oberkörper; schließen Sie dann Ihre Augen. Atmen Sie ruhig ein und aus.

❑ 2. Schritt: Text vorsprechen

Sprechen Sie sich im Geiste den folgenden Text vor. Sprechen Sie dabei langsam und möglichst monoton. Wenn Ihre Gedanken abwandern, lenken Sie sie wieder auf den Text zurück.

Ich bin vollkommen ruhig,

ruhig, gelöst und entspannt. (5mal wiederholen)

Mein rechter Arm ist schwer. (5mal wiederholen)

Ich bin vollkommen ruhig,

ruhig, gelöst und entspannt. (5mal wiederholen)

Mein linker Arm ist schwer. (5mal wiederholen)

Ich bin vollkommen ruhig,

ruhig, gelöst und entspannt. (5mal wiederholen)

Die Arme sind schwer. (5mal wiederholen)

Ich bin vollkommen ruhig,

ruhig, gelöst und entspannt. (5mal wiederholen)

Mein rechter Arm ist warm. (5mal wiederholen)

Ich bin vollkommen ruhig,

ruhig, gelöst und entspannt. (5mal wiederholen)

Mein linker Arm ist warm. (5mal wiederholen)

Ich bin vollkommen ruhig,

ruhig, gelöst und entspannt. (5mal wiederholen)

Die Arme sind warm. (5mal wiederholen)

Ich bin vollkommen ruhig,

ruhig, gelöst und entspannt. (5mal wiederholen)

Die Arme sind schwer und warm. (5mal wiederholen)

Ich bin vollkommen ruhig,

ruhig, gelöst und entspannt. (5mal wiederholen)

❑ 3. Schritt: Zurücknehmen

Nehmen Sie die Übung zurück. Dazu beugen und strecken Sie die Arme ein-, zweimal kräftig, atmen Sie tief ein und öffnen Sie danach wieder die Augen. Schauen Sie auf Ihre Uhr. Warten Sie mit dem Aufstehen, bis Sie sich reorganisiert haben.

⇨ *Fragen zur Auswertung der drei Übungen*

Wo in meinem Körper habe ich vor der Übung Anspannung gespürt?	
Wie genau habe ich diese Anspannung gespürt?	
Was habe ich während der Übung erlebt?	
Welche körperlichen Empfindungen sind aufgetreten?	
Wie erkläre ich mir diese Effekte? Wie fühle ich mich jetzt im Vergleich zum Zustand vor der Übung?	
Was bringt mir die Übung im Alltag?	

Wo und wann kann ich die Übungen in meinem Alltag tatsächlich nutzen?	
Welche Beobachtungen im Zusammenhang mit den Übungen sind mir noch wichtig?	

3.2. Das Stressmodell von Richard S. Lazarus

3.2.1. Die Bedeutung der subjektiven Bewertung

Die Bedingungen in den verschiedenen Lebensbereichen verändern sich und bringen dadurch den von einer Person erreichten Gleichgewichtszustand in ein Ungleichgewicht. **Als Indikator gilt das Wohlbefinden eines Menschen.** Das Wohlbefinden ist beeinträchtigt oder bereits verloren gegangen, wenn eine neue Situation als Missverhältnis erlebt wird. In dieser Situation wird der Mensch aktiv; denn er möchte (ähnlich wie bei einem Konflikt) den Gleichgewichtszustand, d. h. sein persönliches Wohlbefinden, wiederherstellen. Im Zustand eines inneren Gleichgewichts besteht eine weitgehende Übereinstimmung zwischen den Zielen und Bedürfnissen eines Menschen und den Anforderungen aus den Lebensbereichen. Der Mensch strebt also einen Ausgleich von Unterschieden an, der zu einer „Homogenität" zwischen dem Individuum und seinem Lebensbereich führt. Unter diesem systemischen Gesichtspunkt kann von einer Ausrichtung nach Soll-Werten gesprochen werden. Daher drängt sich das Bild eines Regelkreises als Beschreibungsmodell auf. **Der Soll-Wert resultiert als Ergebnis verschiedener Sollwert-Kategorien,** die physiologischer, sozialer, emotionaler und rationaler Herkunft sind.

Die Empfindungen bei einem Zustand des inneren Ungleichgewichts werden als Stress bezeichnet, wenn die betroffene Person mit ihren Fähigkeiten und Ressourcen bis zu ihrer Grenze oder darüber hinaus gefordert ist, um ihr „Wohlbefinden" wiederzuerlangen. Bei der Bestimmung des Begriffs Stress ist bei dieser Sichtweise zu unterscheiden zwischen den:

- Situationen / Reizen, die den Stress auslösen (Stressoren, Stressstimuli)
- Reaktionen einer Person bzw. den sich bei einer Person einstellenden Folgen darauf (Stressfolgen, stressbedingte Reaktionen)

⇨ *Bevor Sie weiterlesen:*

- Denken Sie an eine Situation aus Ihrem Unterrichts- oder Ausbildungsalltag, die Sie als stressig empfunden haben.
- Beschreiben und erläutern Sie den Zustand des inneren Ungleichgewichts, der durch den Stress bei Ihnen eingetreten ist.
- Beschreiben Sie in Bezug auf die gewählte Stresssituation die Stressoren und die Stressfolgen.

Nach dem Stressmodell von Richard S. Lazarus (1999) wird eine Stresssituation als ein komplexer **Prozess von Wechselwirkungen zwischen den Anforderungen einer Situation bzw. eines Reizes und der handelnden Person** betrachtet. Hierbei

ist nicht die Beschaffenheit eines Reizes oder einer Situation von Bedeutung, sondern die individuelle **kognitive Verarbeitung von Reiz bzw. Situation durch die
betroffene Person**. Für einen bestimmten Stressor können Menschen in ganz unterschiedlicher Weise anfällig sein: **Was für die eine Person Stress bedeutet, ist
für eine andere noch lange kein Stress.** Situationen und deren Belastung werden
von einzelnen Menschen unterschiedlich bewertet; damit wird auch die Bedrohlichkeit der Situationen jeweils anders empfunden. **Stress ist also etwas, was durch
die subjektive Bewertung einer Person zustande kommt** (vgl. Kliebisch 2009).
Nach Lazarus spielen dabei unterschiedliche Bewertungsprozesse eine Rolle.

**Die Interpretation einer Situation vollzieht sich auf drei Ebenen, nämlich der
gedanklichen, der körperlichen und der gefühlsmäßigen Ebene.** Die gedankliche
Ebene ist darüber hinaus in der Regel mindestens zweigeteilt: Die Gedanken, die
man sich zu einer Situation macht, existieren gewöhnlich nicht nur auditiv als innerer
Monolog oder Dialog, sondern sind meistens gleichzeitig gekoppelt an visuelle Erfahrungen, also an Bilder und Bildfolgen bzw. „Filmsequenzen". Manchmal sind die Gedanken auch mit Gerüchen oder sogar mit Geschmackswahrnehmungen verbunden.

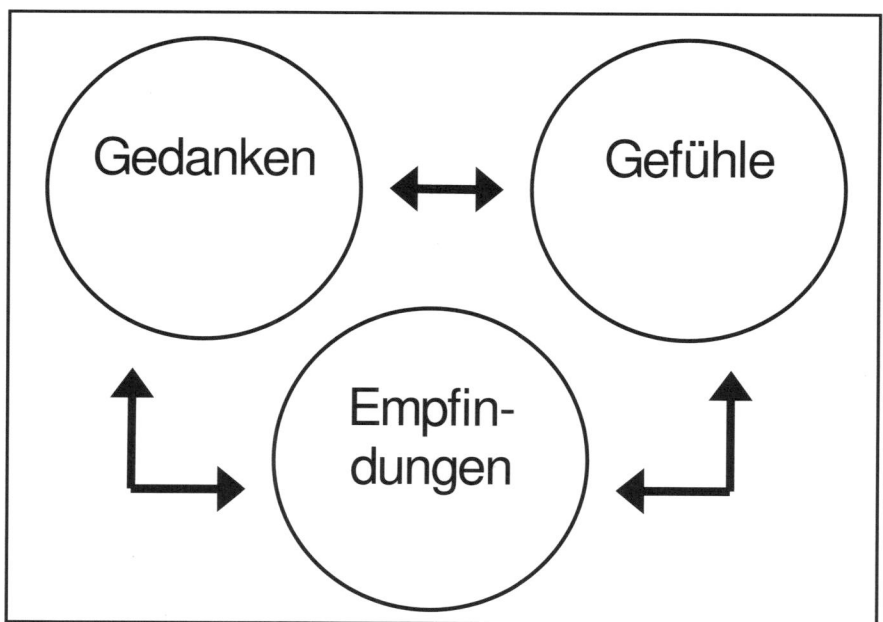

Abbildung: Interpretationsebenen

Die drei Interpretationsebenen sind eng miteinander vernetzt (s. Abbildung). Dazu ein Beispiel: Hat eine Person den Gedanken *„Mein Gott, wie peinlich!"*, so wird sie diesen Gedanken auch innerlich hören: Den Gedanken wird dieser Mensch in einer Situation haben, die ihn sehr betroffen gemacht hat. Entsprechend werden sich negativ konnotierte innere Bilder oder Filme einstellen. Auf diesem Hintergrund ergibt sich auch eine körperliche Reaktion, die – mehr oder weniger stark – Schweißbildung, erhöhte Pulsfrequenz, kalte Hände usw. auslöst. Diese physiologische Reaktion bestätigt sozusagen die negativen Gedanken. In diesem Zustand treten gleichzeitig Gefühle der Peinlichkeit und Verwirrtheit oder gegebenenfalls auch Angst auf. Die entstandene emotionale Lage verstärkt dann das Gefühl und den Gedanken der Peinlichkeit. Es entwickelt sich in Folge eine Spirale „nach unten": Das negative Gesamtempfinden der Person wird intensiviert; sie selbst erlebt sich dabei als Opfer einer nicht kontrollierbaren Macht und wird (im schlimmsten Fall) handlungsunfähig.

3.2.2. Die drei Interpretationsebenen

> *Die gedankliche (kognitive) Ebene der Interpretation*

Manche Gedanken sind durchaus sinnvoll, die sich Menschen in einer Belastungssituation machen. Diese sinnvollen Gedanken helfen der Person, vorsichtig zu bleiben und weiteren Gefahren auszuweichen. Andere Gedanken zu bestimmten Situationen sind hingegen unangemessen und unvorteilhaft. Solche Gedanken haben einen eher irrationalen Charakter und blockieren den Versuch einer genauen Einschätzung der Situation; sie helfen daher über die aktuelle Bedrohung nicht hinweg. Im Gegenteil: **Irrationale Gedanken** führen in der Regel zu einer Verschlimmerung der Bedrohungserfahrung und zu Stressreaktionen. Ein wichtiger Schritt ist es, sich von den Gedanken zu befreien, die Stress aufbauen und aufrechterhalten. Um dies zu erreichen, muss man herausfinden, welche Gedanken man sich in einer Belastungssituation tatsächlich macht und wie diese Gedanken zu beurteilen sind.

Man kann irrationale Gedanken durch alternative Gedanken ersetzen, hat man erst herausgefunden, welche der vorhandenen Gedanken irrational sind. Aufgrund der Vernetzung der drei Interpretationsebenen führen alternative Gedanken über eine Situation zu positiven Veränderungen auch auf der körperlichen und emotionalen Interpretationsebene.

⇨ *Bevor Sie weiterlesen:*

- Nehmen Sie diese Situation an: Sie unterrichten in einer achten Klasse. Einige Schüler unterhalten sich; insgesamt wird es im Raum immer lauter.
- Formulieren Sie Ihre (möglichen) Gedanken in dieser Situation.
- Welche Ihrer Gedanken führen vermutlich zu welchen Gefühlen?
- Wie werden Sie handeln?

> ### *Die Gefühlesebene (emotionale Ebene) der Interpretation*

Gefühlsmäßige Reaktionen wie z. B. Ärger, Wut oder Angst sind beurteilende Meta-Repräsentationen, die als Folge körperlicher Empfindungen anzusehen sind. Die unvorteilhaften Gedanken, die in belastenden Situationen entstehen, führen zu entsprechenden Gefühlen. Diese Gefühle wiederum haben Rückwirkungen auf die Gedanken und körperlichen Reaktionen. Im Fall einer Stresssituation erlebt das Individuum diese Vernetzung von Gedanken, Gefühlen und physiologischen Reaktionen stets als negativ.

Beispiel: **Einschätzung einer Situation**

Kognitive Ebene	Emotionale Ebene
Bedrohung ⟶	Angst
Schaden / Verlust ⟶	Ärger (Sache) / Trauer (Person)
Herausforderung ⟶	Freude

Je nach Ergebnis der Einschätzung fällt die Reaktion aus. Das negative Gefühl der Angst kann durch folgende Merkmale zum Ausdruck kommen:

- Angst kann sich subjektiv-verbal äußern (z. B. „Ich habe Angst, dass ...").
- Angst kann sich im Verhalten zeigen (z. B. durch Rückzug aus einer Situation, aber auch durch Aggression).
- Angst kann durch körperliche Erregungszustände (z. B. Zittern, Schweiß) spürbar werden.

⇨ *Bevor Sie weiterlesen:*

- Die Situation: Sie unterrichten gern in Ihrer Klasse 5b.
- Beschreiben Sie, wie Ihre positiven Gefühle Ihre Gedanken über die 5b beeinflussen.
- Wie werden Sie sich angesichts der Vernetzung der Interpretationsebenen körperlich fühlen?
- Wie werden Sie in der 5b sowohl in unbelasteten als auch in schwierigen Situationen handeln?

➢ ***Die körperliche (physiologische) Ebene der Interpretation [Empfindungen]***

Körperliche Reaktionen können als Berührungserfahrungen, aber auch als sensorische Rückmeldungen des Organismus, insbesondere der Muskulatur, oder als andere interne Empfindungen auftreten. Die körperliche Ebene der Interpretation steht mit der gedanklichen und der emotionalen Ebene in einer Beziehung. Mit negativen Gedanken zu einer Situation treten die entsprechenden Gefühle auf, die z. B. als physiologische Reaktionen innere Unruhe, Herzklopfen und feuchte Hände zur Folge haben können. Die betroffene Person empfindet die Situation als Stress und weiß es auch. Durch dieses Wissen wird die körperliche Reaktion ebenso weiter unterhalten wie die emotionale. Die Belastung wird als zunehmend empfunden; ein Teufelskreis beginnt zu wirken.

⇨ *Bevor Sie weiterlesen:*

- Wenden Sie das Gesagte auf das folgende Beispiel an: Ihr Fachleiter bespricht mit Ihnen eine Unterrichtsstunde. In der beobachteten Stunde ist aus Ihrer Sicht einiges nicht nach Plan gelaufen. Sie hören sich die kritische Analyse und die Ratschläge des Fachleiters an.
- Beschreiben Sie die Gefühle, die Sie in dieser Situation haben.
- Welche Gedanken gehen Ihnen parallel dazu durch den Kopf?
- Wie reagiert Ihr Körper?
- Klären Sie den Zusammenhang zwischen Ihren Gedanken, Ihren Gefühlen und Ihren Körperreaktionen in der konkreten Situation.

Die vernetzte Beziehung der gedanklichen, körperlichen und gefühlsmäßigen Ebenen lässt sich zielgerichtet beeinflussen. Wegen der Vernetzung wird eine Intervention auf nur einer der genannten Ebenen entsprechende Konsequenzen für die anderen beiden Ebenen zeigen. Wird es einer von Stress betroffenen Person möglich, innerlich positive Bilder wahrzunehmen, durch welche sie entspannt wird, so werden sich auch ihre Körperfunktionen normalisieren, möglicherweise wird sich bei ihr auch ein beruhigendes Gefühl einstellen. Das Handeln eines Menschen resultiert stets aus der Summe der Erfahrungen auf allen drei Interpretationsebenen (vgl. z. B. Ellis 2008; Ellis / Hoellen 2004).

3.2.3. Die Bewertung von Situationen

Jeder Mensch bewertet Situationen, deren Grad der Belastung und die sich daraus ergebende Bedrohung anders, so dass die empfundene Bedrohlichkeit jeweils unterschiedlich ist. Lazarus (1999) unterscheidet dabei drei Bewertungsstufen:

- Bewertung der Situation (**Primärbewertung**)
- Einschätzung der Ressourcen (**Sekundärbewertung**)
- **Neubewertung** von Situation und Möglichkeit der Bewältigung

Reize und Situationen werden zuerst immer darauf hin beurteilt, ob sie eine Bedrohung enthalten. Die Situation kann positiv (Herausforderung), als potenziell gefährlich (Schaden oder Verlust) oder als irrelevant beurteilt werden. Im Fall einer Belastung überprüft man danach, inwieweit man den Reiz bzw. die Situation mit den gegebenen Ressourcen bewältigen kann. Es folgt in der Regel eine Analyse der Bedingungen, auf deren Grundlage ein Vorgehen überlegt wird. Dabei kann es zu einer Neubewertung des Reizes bzw. der Situation kommen (vgl. a. Lazarus 2006).

In der Regel kann auf Grund der individuellen Handlungsmöglichkeiten dann ein Gleichgewicht zwischen den Anforderungen hergestellt werden, wenn man das erlebte Missverhältnis zwischen sich und der Situation (dem Reiz) zunächst als auflösbar bewertet. Man erlebt die Situation dann als **Herausforderung** (= **Eustress**, positiver Stress; eu <griech.> – wohl ...., gut ... im Sinne von „anregend"). Eine Person kommt immer dann in Stress, wenn ihre **Ressourcen nicht ausreichen**, das gewünschte innere Gleichgewicht herzustellen. Der Stress wiederum löst ein spezifisches Stressverhalten aus. Das Empfinden dabei wird als negativer Stress bezeichnet (auch **Disstress**; dis <gekürzt di> <lat.> – als verneinende Vorsilbe miss..., un...).

Negativer Stress kann **zwei Ursachen** haben:

- Die neuen Anforderungen sind tatsächlich hoch und die eigenen Fähigkeiten und Ressourcen im Vergleich mit den Anforderungen tatsächlich gering.
- Die betroffene Person glaubt nur, die Anforderungen seien größer als die eigenen Möglichkeiten, den Anforderungen gerecht zu werden.

Wie und ob eine Person Stress empfindet, ist u. a. abhängig von

- ihren individuell ausgeprägten Eigenschaften (z. B. hohe / niedrige Belastbarkeit, Bewältigungskompetenzen),
- ihrer Erfahrung und damit ihrer Erwartung hinsichtlich der Beeinflussbarkeit von Situationen (Kontrollerwartung),
- ihren Anforderungen an sich selbst und
- ihrer Bereitschaft, persönliches Versagen einzuordnen (Kausalattribuierung).

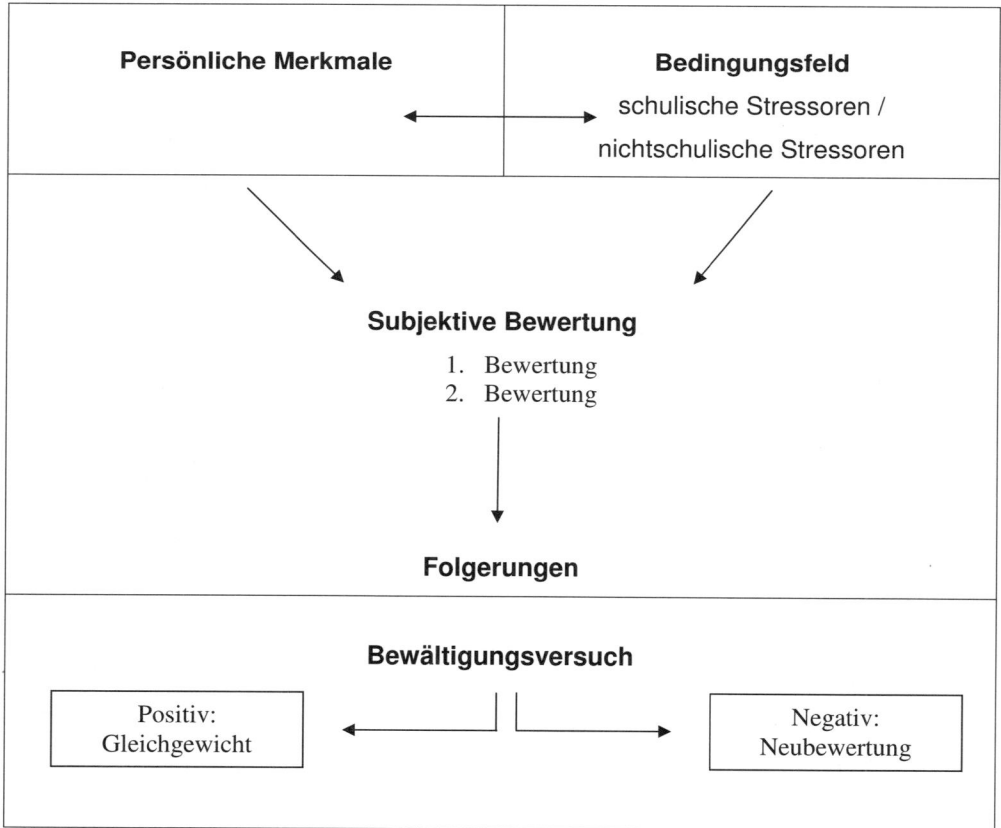

Eine komplexe Wechselwirkung besteht demnach zwischen einer Person und ihren Ressourcen, den auftretenden Lebensereignissen und den Bewertungen. Mit der subjektiven Bewertung verändern sich die inneren (Ressourcen) und äußeren Bedingungen (Situationen, Reize); die Neubewertung führt zu einem Rückblick, bei dem die betreffende Person einen Vergleich mit der ursprünglichen Situation anstellt. Kann z. B. eine Bedrohung nicht abgebaut werden, dann findet eine Neubewertung statt, bei der eine Veränderung des Soll-Wertes vorgenommen wird. **Die Bewertungen haben letztlich das Ziel, die Erhaltung der Ressourcen zu sichern**, also das erlebte Missverhältnis zwischen Anforderungen und Bedürfnis aufzulösen.

⇨ *Übung: Anwendung des Bewertungsverfahrens*

Fall A

Als Referendarin oder Referendar waren Sie sicherlich schon von den Terminnöten Ihrer Fachleiterin oder Ihres Fachleiters betroffen. Im folgenden Fall gelangen Sie an einem Nachmittag im Seminar miteinander zu der Übereinkunft, dass Sie von heute innerhalb von sieben Tagen eine Hospitation durchführen werden. Tags darauf erfahren Sie an der Schule, dass Sie kurzfristig im Rahmen des bedarfsdeckenden Unterrichts bereits in dieser Woche noch eine Klasse 7 für die nächsten sechs Wochen übernehmen sollen.

Oder:

Fall B

Sie haben in dieser Woche zwei Klausuren schreiben lassen (jeweils 25 Arbeiten, einmal Englisch, einmal Deutsch). Die Arbeiten müssen Sie kurzfristig korrigieren, damit Sie die Quartalsnoten termingerecht festlegen und in eine Liste eintragen können. Heute ruft Sie eine alte Freundin an, die Sie seit langer Zeit nicht gesehen haben. Sie sei noch bis morgen in der Stadt und könne sich nichts Besseres vorstellen, als den heutigen Abend und auch (soweit wie möglich) den morgigen Tag mit Ihnen zu verbringen.

Oder:

Fall C

Sie können auch einen anderen Fall wählen, der Ihnen aus der Alltagspraxis näher liegt.

Nehmen Sie sich einige Minuten Zeit und denken Sie sich in Ihre Situation hinein. Bearbeiten Sie danach die folgenden Aufgaben:

Beschreiben Sie die situativen Bedingungen für den genannten Zeitrahmen für alle drei Lebensbereiche. ■ Lebensereignisse ■ Umwelt / Arbeitsplatz ■ interpersonale Beziehungen	
Machen Sie in Stichworten allgemein Angaben über Ihre eigenen Fähigkeiten im Umgang mit schwierigen (neuen) Situationen. Berücksichtigen Sie dabei Ihre persönlichen Erfahrungen.	
Wie schätzen Sie die Situation ein (erste Bewertung)? Machen Sie konkrete Angaben.	
Wie schätzen Sie Ihre Ressourcen im Blick auf die Situation ein (zweite Bewertung)?	

Beschreiben und erläutern Sie das Ergebnis Ihrer Einschätzungen und die Folgerungen, die Sie daraus ziehen.	

3.2.4. Stress-Analyse

Eine Änderung der persönlichen Einstellungen eines Menschen z. B. gegenüber einer belastenden Unterrichtssituation setzt ein Verstehen der psychologischen Mechanismen voraus, die die persönlichen Einstellungen bedingen. Menschen reagieren auf Ereignisse in ihren Lebensbereichen nicht immer sofort durch Handeln. Zunächst werden die Ereignisse wahrgenommen und interpretiert (hierzu siehe Abschnitt 4.1.3.). Jeder Mensch entwickelt seine Einstellungen zu seinen Lebensbereichen über die drei Interpretationsebenen. **Das Ergebnis dieses Interpretationsprozesses ist die subjektive Sicht der Wirklichkeit, nicht aber die Wirklichkeit selbst** (vgl. a. Kliebisch / Meloefski 2009b, Kap. 4).

Es ist wie bei einer Landkarte der Welt, die auch nicht die Welt selbst ist. Auf diese subjektive Landkarte der Wirklichkeit reagiert der Mensch, obwohl er häufig glaubt, er reagiere direkt auf die Wirklichkeit. **Der Mensch reagiert also auf die Einstellungen, die er zu einem Lebensbereich hat; er reagiert auf das, was seine subjektive Interpretation ihm bietet.** Er reagiert also nicht auf eine objektive Wirklichkeit. Daraus ergibt sich, **dass das Handeln** eines Menschen in Bezug auf eine belastende Situation **geändert werden kann, indem man die subjektive Landkarte verändert**, die der Mensch von der Situation hat (vgl. Bandler / Grinder 2005a).

Durch eine rationale Selbstbefragung lässt sich herausfinden, von welcher Struktur die Gedanken sind, die im Rahmen einer belastenden Situation auftauchen. Ebenso lässt sich herausfinden, welche Körperreaktionen in belastenden Situationen bevorzugt auftreten; auch die Gefühle in entsprechenden Situationen kann man so genau beschreiben.

⇨ *Hinweise zu den folgenden Übungsmethoden*

An Ereignisse erinnert man sich entweder **assoziiert** *oder* **dissoziiert**. *Assoziiert ist man, wenn man das Ereignis in der Vorstellung noch einmal so erlebt, als würde es gerade stattfinden. Dagegen ist man dissoziiert, wenn ein Ereignis so erlebt wird, wie wenn zum Zeitpunkt des Ereignisses ein Film gedreht worden wäre, den man jetzt sozusagen auf einem Film-/Videoschirm als Betrachter anschaut. Durch diese Perspektive wird es dem Betroffenen möglich, einen Abstand zu dem Ereignis einzunehmen und dieses neu zu sehen und zu bewerten. Im Falle der Stresserfahrungen ist eine assoziierte Erinnerung für den Beteiligten sehr unangenehm, weil dadurch alle die Anteile der Erinnerung wieder auftauchen, die der Betroffene gerade meiden möchte. Die assoziierte Methode wird daher eher genutzt, um die eigenen Ressourcen zu ermitteln und zu nutzen. Es ist dagegen angebracht, ein Ereignis dissoziiert zu betrachten, wenn es sich um eine Erfahrung handelt, die gedanklich / gefühlsmäßig negativ belegt ist (vgl. zu den folgenden Übungen auch Bandler 2002).*

⇨ *Übung: Analyse einer Stresssituation (Methode des Assoziierens)*

Erster Schritt: Situation erinnern	
Erinnern Sie sich an eine Situation aus dem Unterricht oder aus dem Schul- bzw. Seminaralltag, die für Sie stressig war. Wählen Sie ein Beispiel, das zeitlich nicht zu lange zurückliegt. **Profitipp:** Gehen Sie bitte sofort zur nächsten Übung „Dissoziieren" über, wenn Sie die negativen Gefühle beim Assoziieren zu stark erleben.	
Zweiter Schritt: Interpretationsprozess beschreiben	
- Welche Gedanken hatten Sie in dieser Situation? - Welche Körperreaktionen traten damals auf? - Welche Gefühle begleiteten diese Situation? - Prüfen Sie, wie sich die drei Wahrnehmungsebenen wechselseitig negativ aufgeschaukelt haben.	

Dritter Schritt: Einschätzungen vornehmen	
- Welche Gedanken, Körperreaktionen und Gefühle waren Ihrer Meinung nach für die Situation angemessen (+), welche eher unangemessen (-)? - Kennzeichnen Sie die Punkte entsprechend. - Begründen Sie Ihre Bewertung.	
Vierter Schritt: Belastungen prüfen	
- Wie lassen sich die Belastungen abschwächen? - Welche Interventionen sind sinnvoll?	

Mit der folgenden Übung „Gedanken-Test" können Sie speziell die Gedanken in einer (Stress-)Situation auf Rationalität hin prüfen.

⇨ *Übung: Gedanken-Test (Methode des Dissoziierens)*

Erster Schritt: Entspannen
Schaffen Sie die Voraussetzungen dafür, dass Sie während der Übung nicht gestört werden. Dann setzen oder legen Sie sich bequem hin. Schließen Sie die Augen für eine Weile. Atmen Sie einige Male kräftig ein und aus.

Zweiter Schritt: Stress-Situation durch „Selbstbeobachtung" erinnern

Erinnern Sie sich an eine Schul-/Ausbildungssituation, die für Sie stressig war.

Beispiele:

♦   Wegen einer Revision kündigt sich der Schulleiter zu einer Hospitation an.

♦   Die entscheidende Hospitation für ein Fach vor dem Zweiten Staatsexamen findet statt.

♦   Sie unterrichten zum ersten Mal eigenverantwortlich.

Wählen Sie genau eine Situation aus. Schauen Sie sich die Situation vor Ihrem geistigen Auge wie einen Film an. Sie sind der Hauptdarsteller dieses Films und können sich als Betrachter wahrnehmen.

Dritter Schritt: Gedanken identifizieren

Machen Sie sich klar, was Sie damals in der Situation gedacht haben. Lassen Sie sich Zeit dabei. Seien Sie sehr genau; finden Sie jeden Gedanken. Wenn Sie glauben, die damaligen Gedanken hinreichend erinnert zu haben, dann öffnen Sie die Augen. Notieren Sie sofort alle Gedanken, die Ihnen eingefallen sind.

Vierter Schritt: Gedanken prüfen

Prüfen Sie jetzt die Gedanken, die Sie notiert haben. Welche der Gedanken erscheinen Ihnen für die Situation angemessen (+)? Welche der Gedanken sind unpassend (-)? Kennzeichnen Sie die Gedanken entsprechend. Begründen Sie dann schriftlich jeweils genau Ihre Zuordnung. Nutzen Sie dazu ein gesondertes Blatt.

Fünfter Schritt: Zurücknehmen

Legen Sie Unterlagen und Schreibgerät zur Seite. Atmen Sie zweimal kräftig ein und aus und verlassen Sie nunmehr Ihre Position.

3.2.5. Stressbewältigung

Das Empfinden von Stress hat zur Folge, dass die betroffene Person eine Bewältigungsstrategie entwirft und umzusetzen versucht. Diese ist abhängig von der Situation / dem Reiz selber und von der Persönlichkeit und der kognitiven Struktur der betroffenen Person. Dieser Umgang mit der Bedrohung wird **Coping** genannt. Als mögliche Verhaltensweisen treten z. B. auf:

- Verleugnung der Situation
- Vermeidung der Situation / des Reizes
- Suchen nach Verhaltensalternativen
- Änderung der Bedingungen

Bewältigungsstrategien werden erlernt und können mit zunehmender Erfahrung se-
lektiv genutzt werden. **Die Bewältigung einer Situation bedeutet die Herstellung
des inneren Gleichgewichts,** die Bewältigung einer Stresssituation verhindert also
den Verlust an Ressourcen. Ursachen für ein Scheitern eines Bewältigungsversuchs
sind eine falsche Einschätzung der Situation und / oder der vorhandenen bzw. vom
Handelnden aktivier- und nutzbaren Ressourcen. Zu den Bewältigungsstrategien
zählt auch das Verfahren, negative, irrationale Gedanken zu beeinflussen oder auch
zu ersetzen. Irrational ist ein Gedanke, der eine Situation nicht adäquat abbildet, zu
der er gehört (vgl. Kliebisch / Meloefski 2009b, Kap. 4; Kliebisch 2009).

In der folgenden Übung geht es darum, die in einer belastenden Situation aufge-
kommenen ungünstigen Gedanken zu tauschen gegen solche, die vorteilhafter sind
und in einer Stresssituation eine andere Perspektive einzunehmen erlauben (**kognitive Umdeutung**; vgl. Cameron-Bandler 2005; Kliebisch 1996).

⇨ *Übung: Gedanken tauschen – anders denken*

Erster Schritt: Entspannen
Sorgen Sie dafür, dass Sie während der Übung nicht gestört werden. Machen Sie es sich be-quem. Schließen Sie für eine Weile die Augen. Atmen Sie einige Male kräftig ein und aus. Kommen Sie zur Ruhe.

Zweiter Schritt: Gedanken identifizieren und notieren

Erinnern Sie sich an eine bestimmte Situation im Unterricht oder im Schul- bzw. Seminaralltag, die für Sie stressig war. Lassen Sie die Situation vor Ihrem geistigen Auge noch einmal vorbeiziehen. Setzen Sie sich im Geiste dazu in ein Kino und schauen Sie sich das Ereignis wie einen Film an, in dem Sie die Hauptrolle spielen. Was haben Sie damals gedacht? Notieren Sie alle Gedanken, die Ihnen jetzt noch einfallen.

3. Schritt: Gedanken prüfen

Welche der Gedanken erscheinen Ihnen für die Situation unangemessen / irrational? Kennzeichnen Sie diese Gedanken mit (-). Begründen Sie jeweils Ihre Bewertung und stellen Sie dabei fest, welche Gefühle bei Ihnen durch die unangemessenen Gedanken ausgelöst wurden. Ordnen Sie die irrationalen Gedanken anschließend: In welchem Maße waren die unangemessenen Gedanken für Ihre Stresserfahrung verantwortlich?

Vierter Schritt: Ungünstige Gedanken visualisieren
Wählen Sie den irrationalen Gedanken aus, der Ihre Stresserfahrung am intensivsten gefördert hat. Machen Sie sich ein assoziiertes Bild von diesem Gedanken. Gibt dieses Bild den Gedanken wieder, dann speichern Sie dieses Bild vorübergehend in Ihrem Gedächtnis. Auf dieses Bild kommen Sie noch einmal zurück.

Fünfter Schritt: Alternative Gedanken bestimmen und visualisieren
Überlegen Sie jetzt, was Sie an Stelle des unangemessenen Gedankens auch denken könnten. Formulieren Sie diesen Gedanken positiv. Machen Sie sich danach ein dissoziiertes Bild von dem alternativen Gedanken. Speichern Sie dieses Bild vorübergehend in Ihrem Gedächtnis. Auch auf dieses Bild kommen Sie noch einmal zurück.

Sechster Schritt: Verträglichkeit prüfen

Nehmen Sie an, der alternative Gedanke hätte Ihnen in der damaligen Situation zur Verfügung gestanden. Was hätte sich dadurch für Sie geändert?	

Schreiben Sie alle Einwände gegen den Gedankentausch auf. Begründen Sie die Einwände. Überlegen Sie, wie Sie mit den Einwänden umgehen könnten. Was macht Sie sicher, dass ein Einwand nicht stärker sein wird als die Kraft Ihres alternativen Gedankens? Werten Sie die Einwände sorgfältig aus. Beziehen Sie sich dabei auf persönliche Erfahrungen mit ähnlichen Situationen.

Hinweis: ⇨ Gehen Sie erst dann zum nächsten Schritt der Übung weiter, wenn Sie alle Einwände erfolgreich bearbeitet haben.

Siebter Schritt: Bilder auspacken
Rufen Sie sich zunächst das Bild Ihres unangemessenen Gedankens zurück vor Ihr geistiges Auge. Lassen Sie dieses Bild groß und hell erscheinen und geben Sie ihm einen weißen Rahmen. Rufen Sie dann das Bild Ihres alternativen Gedankens ab. Lassen Sie dieses Bild klein und dunkel erscheinen und platzieren Sie es in die linke untere Ecke des ersten Bildes. Behalten Sie dieses Arrangement in Ihrem Gedächtnis.
Achter Schritt: Bilder überblenden
Geben Sie sich das Kommando „Jetzt". Dabei lassen Sie das kleine Bild schnell groß und hell werden, bis es den Rahmen des großen Bildes vollständig ausfüllt. Gleichzeitig lassen Sie das große Bild immer kleiner und dunkler werden und schließlich ganz verschwinden. Geben Sie sich anschließend wieder das Kommando „Jetzt" und stellen Sie das Ausgangsarrangement vor Ihrem geistigen Auge wieder her. Wiederholen Sie den Vorgang mindestens fünfmal.
Neunter Schritt: Ergebnis testen
Stellen Sie jetzt das große, helle Bild Ihres unangemessenen Gedankens wieder her. Wenn das Schwierigkeiten bereitet, dann sind Sie am Ziel. Es ist Ihnen gelungen, unangemessene Gedanken gegen solche zu tauschen, die für Sie von Vorteil sind. Sollten Sie keine Veränderung feststellen, dann wiederholen Sie den achten Schritt der Übung mit denselben Bildern noch weitere fünfmal.
Zehnter Schritt: Zurücknehmen
Atmen Sie zweimal kräftig durch und verlassen Sie Ihre Position.

⇨ *Hinweise zur Übung*

❑ Sie können diese Übung auch in vereinfachter Form durchführen. Nach dem dritten Schritt können Sie alternativ den vierten Schritt folgendermaßen weiterführen:

Vierter Schritt (alternativ): Alternative Gedanken	
Überlegen Sie zu den gefundenen negativen Gedanken solche alternative Gedanken, die Ihnen hätten helfen können, nicht so stark – wie geschehen – unter Stress zu geraten. Notieren Sie diese alternativen Gedanken.	

Profitipp:

Die Übungen sind der kognitiven Ebene zuzuordnen. Solche Übungen können z. B. analog auch auf der emotionalen Ebene durchgeführt werden, z. B. „Gefühle –Test", „Gefühle tauschen".

Bei der Deutung der Wirklichkeit nutzen Menschen stets alle drei Interpretationsebenen; bei Versuchen, mit Stress umzugehen, verändern sich daher die betroffene Person und / oder die auftretende Situation bzw. der auftretende Reiz. Zu einer **Neubewertung** der Situation bzw. des Reizes kommt es dann, wenn die Bedrohung nicht beendet oder zumindest nicht hinreichend gemildert werden konnte. Hierbei werden wieder dieselben Fragen gestellt wie bei dem durchgeführten Bewertungsprozess. Wiederholte Neubewertungen führen nicht zwangsläufig dazu, dass durch die Veränderungen der Person und / oder der Situation der Stress beseitigt oder vermindert werden kann.

⇨ *Bevor Sie weiterlesen:*

- Was verstehen Sie in diesem Zusammenhang unter einer „Neubewertung"?
- Inwieweit könnte eine Neubewertung auch bedeuten, die Welt in Zukunft durch eine „rosarote Brille" oder „tiefschwarz" zu sehen bzw. sehen zu wollen?
- Weshalb führen auch wiederholte Neubewertungen nicht zwangsläufig zum Abbau oder zur Beseitigung der Stressbelastung?

Bei kognitiven Stressmodellen spielen also individuelle Bewertungsprozesse eine Rolle. Diese entscheiden darüber, ob eine Situation als Herausforderung oder als Bedrohung wahrgenommen wird. Lazarus (1999; vgl. a. Lazarus / Lazarus 2006; Lazarus / Aldwin 2000) unterscheidet **zwei Strategien** der Stressbewältigung, die auch als **Coping** bezeichnet werden (engl. „to cope" with sb. / sth.: mit jmd. / etw. fertig werden):

1. **Problemorientierte Stressbewältigung** – Hierbei versucht man, einen Reiz / eine (Problem)Situation durch direkte Handlungen oder durch Unterlassung von Handlungen zu überwinden oder sich den Gegebenheiten anzupassen. Häufig beschafft man sich auch weitere Informationen, die zu einer anderen Bewertung von Reiz oder Situation führen können.

2. **Emotionsorientierte Stressbewältigung** (intraspezifisches Coping) – In dem Fall versucht man, den Erregungszustand abzubauen, der durch äußere Reize hervorgerufenen wurde. Die Ursachen bleiben dabei unberücksichtigt.

⇨ *Bevor Sie weiterlesen:*

- Denken Sie an eine Schul- oder Ausbildungssituation, die Ihnen vor kurzem Stress bereitet hat.
- Worin genau bestand der Stress in der Situation?
- Wie haben Sie den Stress abgebaut? Nutzen Sie bei der Beschreibung die Begriffe „Problemorientiertes Coping" und „Emotionsorientiertes Coping".

Für die Entwicklung und Anwendung von Bewältigungsstrategien (Coping-Strategien) ist eine Voraussetzung, dass die betroffene Person über **geeignete Ressourcen** verfügt. Lazarus beschreibt **vier Bewältigungsformen**:

1. Informationssuche

Informationssuche bedeutet zunächst einmal, sich eine Auskunft einzuholen, dann aber auch, die Merkmale einer stressreichen Situation selbstständig herauszuarbeiten. Die gezielte Suche nach Informationen hat also eine problemlösende Funktion. Beide Gesichtspunkte sind bedeutsam, denn sie ermöglichen es der betroffenen Person, die richtigen Problemlösestrategien auszuwählen. Allerdings können auch Ungewissheit und Mehrdeutigkeit einer Information für manche Situationen bestimmter Lebensbereiche stressreduzierend sein.

2. Direkte Aktion

Hierunter fallen alle Aktivitäten, mit denen eine Person stressvolle Situationen zu meistern versucht. Beispiele: Ausleben von Ärger, Stützungsmaßnahmen (z. B. Nachhilfe).

3. Aktionshemmung

Darunter versteht man das Unterdrücken von Handlungen in dem Sinne: *„Dann kann ich wenigstens nichts falsch machen."* Eine wirkungsvolle Bewältigungsstrategie baut häufig darauf auf, dass die betroffene Person zunächst nachteilige Aktionen unterlässt.

4. Intraspsychische Bewältigungsformen

Hiermit sind alle kognitiven Prozesse gemeint, die der Regulation der Emotionen dienen. Diese Bewältigungsform umfasst z. B. die Selbsttäuschung, Abwehrreaktionen wie Verleugnung und Vermeidung, aber auch den Versuch, sich von einer Bedrohung zu distanzieren. Alle diese Aktionen vermitteln der betroffenen Person das Gefühl, die Bedrohung kontrollieren oder ausschalten zu können. Sie vermindern in jedem Fall die emotionale Belastung.

⇨ *Bevor Sie weiterlesen:*

- Denken Sie wiederum an eine Schul- oder Ausbildungssituation, die Ihnen in letzter Zeit Stress bereitet hat.
- Worin genau bestand der Stress in der Situation?
- Welche der vier genannten Bewältigungsformen haben Sie verwendet, um dem Stress zu begegnen?

• Wie erfolgreich waren Sie bei Ihrem Vorgehen?

Bei der Bearbeitung von Stresserfahrungen greift jeder Mensch auf individuelle Ressourcen zurück. **Bewältigungsressourcen** einer Person sind z. B.:

• Objektressourcen (wie Informationsmaterial, technische Hilfsmittel)
• Bedingungen (wie Unabhängigkeit)
• persönliche Charakteristika (wie Selbstwirksamkeit)
• Energieressourcen (ermöglichen einen Zugewinn von Ressourcen)

Die **Coping-Strategien** besitzen zwei grundlegende **Funktionen**:

• Veränderung der Situation und damit Lösung des Problems
• Veränderung negativer emotionaler Zustände (z. B. Verringerung von Angst) zugunsten der Möglichkeit aktiver Eigensteuerung (mit positiver Rückwirkung)

Effektive Bewältigungsformen sollten sowohl auf direkte Aktionen zielen als auch negative Emotionen regulieren. Allerdings müssen die gewählten Strategien miteinander vereinbar sein, um Fehlanpassungen zu verhindern. In der Regel wird problemlösendes Handeln dazu führen, dass emotionales Unbehagen vermindert wird. Jede der vier genannten Bewältigungsformen kann sowohl problemlösende als auch emotionalregulierende Funktionen erfüllen. Auch lässt sich jede auf die eigene Person als auch auf die drei Lebensbereiche beziehen und dabei auf augenblickliche, vergangene (z. B. Verlust) oder zukünftige Ereignisse (Bedrohung oder Herausforderung) ausrichten (vgl. Kliebisch / Meloefski 2009c).

⇨ *Beispiel: Mögliche Bewältigungsformen am Beispiel „Zustandsangst"*

Ein Beispiel für Zustandsangst ist die Prüfungsangst (Staatsexamen, Revision für ein Beförderungsamt, Unterrichtsbesuch u. a.). Sie äußert sich in den Komponenten Besorgnis (kognitive Ebene), Angstgefühl (emotionale Ebene) und körperliche Erregung (physiologische Ebene). Die Komponenten sind miteinander verknüpft (siehe Abschn. 4.2.2.), so dass sie gleichzeitig auftreten und sich gegenseitig verstärken. Von den Bewältigungsformen ist auf alle Fälle eine hilfreich: Entspannungsübungen jeglicher Art können die vegetativen Symptome dämpfen und damit eine positive Rückwirkung auf die anderen beiden Komponenten haben. Die Bewältigung der Besorgnis kann recht verschieden aussehen. Man kann die Situation z. B. *erleichtern* (Stützungsmaßnahmen suchen) oder ihr *ausweichen* (die Prüfung absagen).

Eine weitere Form der möglichen Bewältigung besteht darin, unrealistische und übertriebene *(irrationale) Vorstellungen abzulegen*, also solche auf realistische Bedingungen zurückzuführen. Die *kognitive Umdeutung* der Situation ist daher als Bewältigungsform sehr hilfreich, um die Bedrohung aktiv anzugehen (siehe Übung „Gedanken tauschen"). Auch *ermunternde Vorsätze* wie *„Es gibt nur Herausforderungen und ich nehme Herausforderungen an."* können hilfreich sein, wenn sie nicht die Realität verleugnen oder verzerren. Außerdem sollte man rechtzeitig lernen, sich mit bestimmten Realitäten abzufinden: Man sollte *Frustrationstoleranz* entwickeln.

Bei jedem Bewältigungsversuch sollte man sich ein realistisches Anspruchsniveau setzen. Es hängt von den konstruktiven und produktiven Fähigkeiten des Einzelnen ab, inwieweit er Belastungssituationen realistisch beurteilen kann und Stress in den Griff bekommt.

⇨ *Bevor Sie weiterlesen:*

- Stellen Sie sich vor, ein (Referendar)Kollege hat regelmäßig Angst, in einer bestimmten Klasse zu unterrichten.
- Entwickeln Sie mögliche Bewältigungsformen für diese Zustandsangst.
- Ordnen Sie die Bewältigungsformen danach, inwieweit der Kollege diese sofort, mittel- oder langfristig nutzen kann / sollte.

3.3. Bedeutung von Ressourcen

Positive Ressourcen (persönlicher oder sozialer Art) kann man nutzen, um ein Gleichgewicht zwischen den Anforderungen der Lebensbereiche und der Bewältigung belastender Situationen und Reize herzustellen. Es besteht als die Notwendigkeit, systematische Techniken der Stressbewältigung zu kennen und anwenden zu können. Scheitert der Versuch einer betroffenen Person, die Stresssituation zu bewältigen, erleidet die Persönlichkeitsstruktur einen Schaden. Dies kann eine andauernde Beeinträchtigung nach sich ziehen und langfristig die körperliche und seelische Gesundheit gefährden.

Stress-Management ist eine Herausforderung für den Einzelnen, um ihn zu befähigen, positive Ressourcen freizusetzen und aktiv auf die Situationen / Reize der Lebensbereiche Einfluss zu nehmen. Eine aktive und erfolgreiche Auseinandersetzung mit Stress **setzt** u. a. Folgendes **voraus**:

- Das Wissen, dass Stress individuell ist
- Das Wissen, dass das Stresserleben nicht durch einzelne Stressoren, sondern durch die persönliche Bewertung hervorgerufen und gesteuert wird
- Die Fähigkeit zur Analyse einer Stresssituation
- Die Übernahme von Eigenverantwortung für die Stressbewältigung

Wichtige **Ressourcen** für die Bewältigung von Stress sind außerdem z. B.:

- Zeit-Management
- Entspannungstechniken
- Das soziale Netzwerk

Dem Sachverhalt *Zeit-Management* ist an anderer Stelle ein eigenes Kapitel gewidmet. Dort werden auch Stress reduzierende Arbeitstechniken beschrieben (vgl. Kliebisch / Meloefski 2009b, Kap. 3).

Entspannungstechniken

Stress vermindernde Entspannung bezieht sich auf eine **mentale Komponente und auf eine passive Einstellungshaltung**. Die mentale Komponente zielt darauf ab, die Gedankenflut bewusst zu unterbrechen und sich den Kopf frei zu machen. Die passive Haltung ist notwendig, um ablenkende oder wieder auftretende Gedanken auszugrenzen. Viele Formen der Entspannung bauen auf diesen Komponenten auf, z. B. das Autogene Training (siehe Kap. 4.1.2.) oder die Lamaze-Atem-Methode. Entspannungsübungen dieser Art dämpfen den körperlichen Erregungszustand, verringen dadurch z. B. Angst und wirken sich positiv auf das körpereigene Immunsystem aus. Es ist daher wichtig, solche Entspannungsübungen zu beherrschen, um sie in belastenden Situationen auch anwenden zu können.

Das soziale Netzwerk

Gespräche mit anderen Menschen können die Auseinandersetzung mit Belastungen aller Art erleichtern und vor schädlichen Auswirkungen von Stress schützen. Unter sozialer Unterstützung versteht man: Miteinander reden, sich aussprechen, sich Probleme von der Seele reden. Die Kommunikation kann informell oder systematisch erfolgen. Eine wichtige Rolle spielen z. B. die informative Unterstützung (Beratung, Bereitstellung von Informationen), die Selbstwertunterstützung (Lob, Anerkennung) und die motivationale Unterstützung (Vermittlung von konkreten Zielvorstellungen, Ermutigung). Dieses sogenannte *Puffer-Modell* geht davon aus, dass die soziale Unterstützung wie ein Puffer die Auswirkungen psychischer Belastungen abmildert (vgl. Schaarschmidt 2007; Sieland 2008a).

Ein Beratungsverfahren ist die **„Kollegiale Fallberatung"**; diese wird im Anhang zu diesem Kapitel vorgestellt. Auch dieses Verfahren kann entlastend wirken.

⇨ *Übung: Eigene Ressourcen ermitteln*

Erster Schritt: Entspannen
Nehmen Sie auf einem Stuhl Platz und schließen Sie die Augen. Atmen Sie kräftig durch die Nase ein und langsam durch den Mund wieder aus. Wiederholung Sie diesen Atemvorgang mehrmals.
Zweiter Schritt: Belastende Situationen ermitteln
Denken Sie an Ihren Unterricht / Ihren Schul- und Seminaralltag. Machen Sie sich zu einem Tagesablauf in Ihrem Geiste einen Film. Lassen Sie anschließend den Film vor Ihrem geistigen Auge ablaufen. Sie sind nunmehr Betrachter dieses Films und beobachten sich sozusagen als Akteur von außen. In welchen Zusammenhängen gerieten / geraten Sie unter Druck bzw. fühlten / fühlen sich belastet?

Dritter Schritt: Maßnahmen gegen die Belastungen beschreiben	
Welche Fähigkeiten / welches Verhalten könnten Sie in der belastenden Situation anwenden, um sich zu entlasten?	
Vierter Schritt: Einwände gegen die Maßnahmen formulieren	
Welche Einwände gibt es gegen die genannten Maßnahmen? – Was genau würde geschehen, wenn Sie diese Maßnahmen in der belastenden Situation anwenden?	

Fünfter Schritt: Mit den Einwänden umgehen

Schätzen Sie diese Einwände ein als sehr zutreffend (3), weitgehend zutreffend (2), weniger zutreffend (1). Kennzeichnen Sie die entsprechenden Aussagen.

Sechster Schritt: Auf alternative Situationen übertragen	
Welche der Maßnahmen könnten Sie in anderen als den im zweiten Schritt beschriebenen Situationen anwenden? Beschreiben Sie die weiteren Situationen so genau wie möglich. Berücksichtigen Sie dabei die Ergebnisse aus dem 5. Schritt.	

Siebter Schritt: Zurücknehmen

Atmen Sie zweimal kräftig ein und aus. Verlassen Sie anschließend Ihren Platz.

3.4. Arbeitsanregungen

> ## *Stress und Stressbewältigung*

„Eine Lehrperson ist auf Grund ihrer Überzeugungen selbst am Zustandekommen der eigenen Belastung beteiligt." Erläutern Sie diese Aussage. Welchen Ausweg gibt es Ihrer Auffassung nach aus dieser Verflechtung?

Im Rahmen der Stressanalyse sollten manche Situation assoziiert, andere dissoziiert „erlebt" werden. Begründen Sie die Verfahren und beschreiben Sie entsprechende Beispiele.

Eine Lehrperson gelangt auf Grund der eigenen Wahrnehmungen zu folgender Interpretation ihres Unterrichts: „Ich kann keinen guten Unterricht erteilen. Außerdem sind die Schüler fast alle an dem Lehrstoff nicht interessiert." Welche Einschätzungen werden von der Lehrperson vorgenommen? Beschreiben Sie mögliche Folgen dieser Einschätzungen. Welche Verhaltens- und Handlungsweisen könnten bei einer solchen Einschätzung die Folge sein?

Machen Sie sich die Bedeutung der folgenden Ressourcen für das Erleben eigener Belastung klar: • Arbeitsatmosphäre im Kollegium / in der Lerngruppe • Kollegiale Beratung • Körperliche Fitness • Schulprogramm • Entspannungstechniken	
Welche Bedeutung hat das Selbstkonzept einer Person für ihre eigene Stress-Analyse?	
Eine längerfristige Reduktion von Stress wird erreicht durch: • Erhöhung der Belastbarkeit • Änderung der Einstellung • Veränderung der den Stress auslösenden Bedingungen Nennen und erläutern Sie Maßnahmen, durch die Sie diese Ziele erreichen können.	
Welche Maßnahmen sind geeignet, Stress kurzfristig zu verringern? Beurteilen Sie diese Maßnahmen.	

„Stress-Management ist eine individuelle Herausforderung." Erläutern Sie diese Aussage und begründen Sie Ihre Auffassung dazu.

Hier finden Sie einige Beispiele für Einstellungen, die Stress auslösen können. Erklären Sie, weshalb diese Einstellungen zu Stress führen können. Analysieren Sie dabei jede Einstellung einzeln.

- Keiner hat das Recht, mich zu kritisieren.
- Ich bin vom Pech verfolgt.
- Ich werde es nie schaffen, mich zu ändern.
- Es ist wichtig, dass mich alle akzeptieren.
- Ich darf niemandem wehtun.
- Es ist wichtig, dass ich immer die Kontrolle über alles habe.
- Die Ansprüche in der Ausbildung sind viel zu hoch.
- Die Seminarinhalte sind viel zu weit von der Praxis entfernt.
- Das schaffe ich nicht!

Folgende Sachverhalte werden als Stressauslöser angesehen. Versuchen Sie, jeweils eine Erklärung dafür zu finden. • Unklare und widersprüchliche Aufgaben • Fehlende Kooperation mit Kolleginnen und Kollegen • Unsystematische und eher zufällige Kommunikation mit Kolleginnen und Kollegen • Schwelende Konflikte mit der Schulleitung oder mit Kolleginnen und Kollegen • Zunahme der Verantwortung bei (viel) zu geringem Gestaltungsspielraum	
„Sozialer Druck ist der Stress, der am stärksten an die Substanz geht." Was ist mit dieser Aussage gemeint? Wie kann man dieser Art von Stress begegnen?	
Der erste Schritt bei Stress ist, Abstand zu gewinnen. Wie können Sie Abstand herstellen?	

„Don't worry, be happy!" – Erörtern Sie diese Aussage unter dem Gesichtspunkt der Stressbewältigung.

Wie würden Sie vorgehen, um eine Stresssituation zu bewältigen? Geben Sie konkrete Beispiele.

„Stress ist nicht gleich Stress." Was steht hinter dieser Aussage?

„Unbekannt – feindlich – Stress". Erläutern Sie diese Aussage. Wie können Sie diesem Stress begegnen?

„Grübeln" ist ein dysfunktionaler Zustand. Wodurch kommt es zu diesem Zustand?	
Welche Folgen bringt ein solcher dysfunktionaler Zustand mit sich? Wie kann man diesen Zustand beenden?	
Formulieren und begründen Sie Ihre drei wichtigsten Einsichten, die Sie aus diesem Kapitel gewonnen haben. Begründen Sie Ihre Entscheidung für diese Einsichten.	

3.5. Anhang: Kollegiale Fallberatung (Intervision)

Die Kollegiale Fallberatung (Intervision) gehört zu den Ressourcen, die als **soziale Unterstützung** sowohl auf der kognitiven Ebene als auch auf der emotionalen Ebene zur Stressbewältigung beitragen können. Bei der Kollegialen Fallberatung stellen sich Kolleginnen und Kollegen einer Kollegin / einem Kollegen als Berater zur Verfügung und erteilen ihr / ihm Rat (**Funktion der Hilfe**). Dabei soll ein Handlungsmuster durch die Berater vermittelt werden, das es der / dem Ratsuchenden ermöglicht, eine Lücke im persönlichen Handlungsprogramm zu schließen (**Funktion der Förderung**). Die Form der Beratung stützt die betroffene Person außerdem durch ein hohes Maß an **Solidarität** (vgl. Spangler 2005; Franz / Kopp 2003; Tietze / Schulz v. Thun 2003; Schlee 2008).

Daraus ergibt sich:

→ Eine besondere Form eines **beratenden Gesprächs**, bei dem in Zusammenarbeit von Kollegen eine kooperative Lösung für einen einzelnen Fall aus der Praxis gesucht wird

→ Eine Phasierung des Gesprächs in bestimmter Abfolge mit Arbeitsschritten zum Zuhören und Verstehen, Fragen und Antworten, Reflektieren und Bearbeiten einer konkreten Situation aus dem Schulalltag

Phasen des Gesprächs

1. Aufgabenverteilung
2. Falldarstellung
3. Rückmeldung zur Darstellung
4. Bearbeitung
   - *Reflexionspause*
   - *Hypothesenbildung*
   - *Einschätzung der Hypothesen*
   - *Entwicklung von Lösungen*
   - *Entscheidung*
5. Abschluss (abschließende Äußerungen zum Verfahren)

Durch dieses Vorgehen wird gesichert, dass sich alle Teilnehmer an dem Beratungsgespräch beteiligen, indem sie ihre Erfahrungen und Sichtweisen zur Problematik des Falls darstellen. Man verhindert dadurch, dass die Teilnehmer oberflächlich herumdiskutieren und lediglich sogenannte Patentlösungen mitgeteilt werden. Durch wechselseitiges Anteilnehmen, Hineinfühlen in den Fall, Beraten und Entwickeln von Lösungsvorschlägen kommt ein Problemlösungsprozess in Gang, der die ratsuchende Lehrperson mit ihrem Problem oder Konflikt aus der Vereinzelung in eine mitdenkende, mitfühlende und mutmachende Solidargemeinschaft hebt.

Hinweise zur Gruppenarbeit

1. *Eine entsprechende Gruppe (6 bis 7 Personen) konstituiert sich auf Grund der Interessen und der Solidarisierung von Lehrern mit dem Ziel,*

    a.) *einen einzelnen Problemfall eines Kollegen in der Gruppe zu besprechen,*

    b.) *verschiedene Problemfälle von Kollegen in der Gruppe zu besprechen.*

    Bei a.) steht von Anfang an fest, wer den Fall vorstellt. Bei b.) wird in der Gruppe die Entscheidung über die Reihenfolge der Fälle und gegebenenfalls über weitere Sitzungstermine getroffen, nachdem jedes Gruppenmitglied seinen Fall vorgetragen hat.

2. *Die Person, die ihren Fall für die Verhandlung im Gespräch vorstellt, ist die / der Ratsuchende (Bezeichnung R). Die übrigen Gruppenmitglieder sind die Berater (Bezeichnung B).*

3. *Aus der Beratergruppe wird ein Moderator (Bezeichnung M) bestimmt.*

4. *Unter den Teilnehmern wird Verschwiegenheit vereinbart.*

Der folgende Ablaufplan für ein Beratungsgespräch geht davon aus, dass sich die Gruppenmitglieder erst über den Fall verständigen, der beraten werden soll. Die Phase 1 ist die Phase der Aufgabenverteilung, in der neben der Wahl des Falles und der Bestimmung des Moderators außerdem der organisatorische Ablauf und die Gesprächsregeln (z. B. TZI) in Erinnerung gebracht werden. In der Phase des Abschlusses sollte jedes Mitglied eine persönliche Stellungnahme über die Fallberatung abgeben. Darüber hinaus wird man Verschwiegenheit vereinbaren, um so den Fall, aber auch Art und Umfang der Problemlösung für alle, insbesondere für den Ratsuchenden im vertrauten Kreis zu belassen (vgl. Schulz v. Thun 2006).

♦ **Phase 1: Aufgabenverteilung**

- ❑ Konstituierung einer Beratergruppe (Bezeichnung B)
- ❑ Ermittlung des zu behandelnden Falles
  - ➢ Mitteilungen über verschiedene Situationen aus der Praxis
  - ➢ Auswahl des vorzustellenden Falles durch einen Ratsuchenden (Bezeichnung R)
- ❑ Wahl des Moderators (Bezeichnung M), verantwortlich für
  - ➢ die Einhaltung der Gesprächsregeln
  - ➢ die Einhaltung der Phasenfolge und der Zeiten

♦ **Phase 2: Fall-Darstellung**

R ————————————————————➤ B	
R schildert seinen Fall möglichst genau (auch scheinbar Nebensächliches).	B hören aufmerksam zu, machen sich ggf. Notizen zum Fall / zu den Eindrücken, notieren ggf. Klärungsfragen. ⇨ Wichtig: • *Keine Kommentierung* • *Keine Interpretation* • *Keine Ratschläge* • *Keine Bewertung*

Klärungen

R ◄———————————————————— B	
R hört zu.	**B stellen Rückfragen zum Verständnis der Situation:** • Was habe ich nicht verstanden? • Was möchte ich noch wissen? • Wie war es? ⇨ Wichtig: • *Keine Fragen nach Begründungen = Keine Warum-Fragen*
R ————————————————————➤ B	
R erläutert.	B hören zu.

♦ **Phase 3: (Kurze) Rückmeldung (über Empfindungen) zur Darstellung**

R ⟵	B
R hört zu.	**B geben ein Blitzlicht.** ▪ Was hat die Darstellung bei mir persönlich ausgelöst? (emotionale Dimension) ▪ Was hat die Darstellung bei mir im Blick auf die Situation ausgelöst, in der sich R befand? ⇨ Wichtig: ▪ *Aussagen nur aus persönlicher Sicht* ▪ *Keine Interpretation* ▪ *Keine Erklärung* ▪ *Keine Kommentierung der Aussagen*

⇨ *Hinweise zur Modifizierung des Verfahrens:*

Die Falldarstellung kann durch ein **Rollenspiel** ergänzt werden. Manchmal kommen auf diese Weise erst die Fragen auf den Tisch, die für die Bearbeitung des Falles eine wichtige Rolle spielen. Für das Rollenspiel übernimmt eine Person aus der Beratergruppe die Rolle der Person, die den Fall vorgetragen hat. Eine weitere Person spielt den Schüler, um den es geht. Bei der Darstellung einer Situation spielen gegebenenfalls weitere Personen Schüler. Als Rollenspielanweisung dient der Bericht des ratsuchenden Kollegen.

Das Rollenspiel kann auch in einer emphatischen Rollenübernahme gespielt werden (**Ich-als-du-Rollenübernahme**). Perspektive Kollege: „Ich als du (mit Blick auf die betroffene Person) fühle / empfinde / würde ....." Und aus der Perspektive des Schülers: „Ich als (Claudia / Peter) würde / fühle / ...." Dabei müssen die Sprecher die Regeln beachten: Die emphatischen Formulierungen dürfen keine Bewertungen, Interpretationen oder Kommentierungen darüber enthalten, was R berichtet hat. Und natürlich sollen die emphatischen Aussagen auch frei sein von Lösungsvorschlägen oder Ratschlägen. Bei möglichen sprachlichen Unschärfen sollte der Moderator eingreifen.

♦ **Phase 4: Bearbeitung (Gemeinsame Bearbeitung des Problemfalls)**

R ⟷ B	
R hört zu.	⇨ **Reflexionspause**
	Jeder B macht sich klar:
	▪ Wie genau kann man die Konfliktsituation angemessen beschreiben?
	▪ Welche Bedingungsfaktoren sind für das Zustandekommen der Konfliktsituation verantwortlich?
	⇨ Wichtig:
	▪ *Aussagen nur aus persönlicher Sicht*
	▪ *Keine Interpretation*
	▪ *Keine Erklärung*
	▪ *Keine Kommentierung der Aussagen*
R ⟵ B	
R notiert alle Aussagen stichwortartig, ordnet und gewichtet die Hypothesen:	⇨ **Hypothesenbildung**
▪ Welche Hypothesen muss ich überprüfen?	⇨ Methode: Brainstorming
	B entwickeln Vermutungen über mögliche Hintergründe / Ursachen der Problemsituation.
▪ Welche Hypothesen muss ich verwerfen?	⇨ Wichtig:
	▪ *Alle Hypothesen sind zugelassen.*
	▪ *Jeder B sollte sich äußern.*
	▪ *Alle B sind gleichberechtigt.*
⇨ **Zeit zum Ordnen und Bewerten (ca. 2 Min.)**	
R überlegt und klärt für sich:	
▪ Welche Aussagen liefern mir neue Aspekte, Ideen, Perspektiven?	
▪ Welche Beobachtungen muss ich noch vornehmen?	
▪ An welchen Stellen besteht für mich noch Klärungsbedarf?	

Einschätzung (Feedback)

R ──────────────────────────────▶ B	
R äußert sich zur Darstellung der B:	B hören zu.
▪ Von wem fühle ich mich besonders gut verstanden?	
▪ Was habe ich als interessant und neu empfunden?	
▪ Welche Lösung scheint mir die beste zu sein?	
▪ Wo liegen Missverständnisse?	

Entwicklung von Lösungen

R ◀────────────────────────────── B	
R hört zu und notiert die Lösungsvorschläge (Stichwörter). Er trifft anschließend eine Wahl aus den angebotenen Möglichkeiten.	**B bieten auf der Grundlage der Einschätzungen Handlungswege an.** **B äußern ihre Vorschläge in der Form „Ich als du ....“** ⇨ Methode: Brainstorming oder Einzelvorschläge

Entscheidung

R ──────────────────────────────▶ B	
➢ **R beurteilt die Lösungsvorschläge auf Grund seiner Möglichkeiten und nach Plausibilität.** ➢ **R teilt B mit, welchen Lösungsvorschlag er für den besten hält.** ➢ **R sagt, was er auf Grund des besten Lösungsvorschlags im Blick auf den Problemfall tun will.**	B hören zu.

♦ **Phase 5: Abschluss (abschließende Äußerungen zum Verfahren)**

R ←—————————————————————→ B
Alle Teilnehmer machen ein Blitzlicht.
▪ Wie ist es mir im Verlauf des Verfahrens ergangen (Gedanken / Gefühle)?
▪ Welche Phasen waren für mich aufschlussreich / lernwirksam?
▪ Worauf sollte die Beratungsgruppe bei ihrer nächsten Sitzung achten?

⇨ Hinweise:

❑ Der Moderator hilft in allen Phasen, den vorgesehenen Ablauf inhaltlich und methodisch einzuhalten (s. kursiv gedruckte Hinweise „Wichtig").

❑ R und B sind grundsätzlich bereit, die Hilfen des Moderators anzunehmen und seine Strukturierung des Beratungsprozesses zu akzeptieren.

⇨ *Zum Abschluss:*

• Vergegenwärtigen Sie sich die Struktur des Prozesses bei der Kollegialen Fallberatung. In welchen Phasen erkennen Sie die „Funktion der Hilfe", wo die „Funktion der Förderung"?

• Welche Vorteile bringt das Verfahren im Vergleich dazu, einen Beratungsfall ohne Hilfe von Kollegen zu bearbeiten? Gehen Sie dabei auch darauf ein, inwieweit das Verfahren Stress mindern kann.

• Für wie effektiv halten Sie das Verfahren der Kollegialen Fallberatung?

4.

Evaluation in der Schule

„In Prozessen systematischer Planung
und Erprobung von Entwicklung drängt sich
Evaluation als dritter Schritt nicht
selbstverständlich auf.
Stattdessen gibt es ein Vertrauen in intuitive
Einschätzungen dessen, was gelingt und was
veränderungsbedürftig ist."

(Johannes Bastian)

4.1. Ziele und Bedeutung

An der Schule sind unterrichtliche und erzieherische Prozesse vom Ergebnis (Output) her zu betrachten; Bildungsstandards und Schulprogramme liefern die notwendige Basis für diese Sicht. Im Sinne dieser Output-Orientierung ist Evaluation ein geeignetes und erforderliches Verfahren, die Verbindlichkeit von Zielen zu sichern, die Transparenz bezüglich der schulischen Leistung herzustellen und außerdem die pädagogische Arbeit der Lehrer den sich stets ändernden Bedingungen anzupassen.

Evaluation hat zum Ziel,
- **begründet Rechenschaft abgeben zu können im Hinblick auf das, was an der Schule / im Unterricht erreicht werden soll und was tatsächlich erreicht wurde (Ist-Soll-Abgleich),**
- **die Handlungsfähigkeit der Lehrpersonen im Hinblick auf die Maßnahmen des Förderns und Forderns der Schüler zu reflektieren und bei Bedarf zu verändern.**

In der folgenden Darstellung wird Evaluation ausschließlich unter dem Gesichtspunkt Unterricht beschrieben, weil Unterricht als Kernbereich die naheliegende und zentrale aller Aufgabe der Schule ist. Über Unterricht wird die Qualität von Schule insgesamt beurteilt (s. Bastian 2007; Helmke 2009); der Qualität von Unterricht kommt daher eine zentrale und oft generalisierende Bedeutung zu. Die hier dargestellten Grundsätze eines Evaluationsverfahrens sind aber durchaus auf andere Evaluationsvorhaben an der Schule (z. B. Schulprogramm) übertragbar.

Das Ergebnis des Unterrichts, festgestellt durch die von den Schülern erbrachte Leistung, wird an Hand der Bildungsstandards (kritikale Normen) beurteilt. Der Ist-Soll-Vergleich zeigt, ob die Schüler das auf der Grundlage der Bildungsstandards konzipierte Lernangebot erfolgreich nutzen konnten. Für die Evaluation ergibt sich daraus ein Bezugsrahmen. Die Qualität des Lernangebots ist (auf der Basis von Kernlehrplänen und Richtlinien) im Hinblick auf die prozessualen Bedingungen der Lehr-/Lernarbeit in den folgenden Punkten zu prüfen:
- Arrangement und Initiation (Dramaturgie und Lernprogression) in Bezug auf

✓ die Orientierung an den individuellen Voraussetzungen (kognitive und motivationale) der Schüler (Schülerorientierung) und

✓ die situativen Voraussetzungen im Unterricht (wie z. B. Klarheit, Klassenführung, Störfaktoren, soziale Bedingungen)

• Handlungsgrundlage der Lehrperson (subjektive Theorien der Anthropologie und
Entwicklung, der Psychologie und Didaktik)

Daraus ergeben sich verschiedene Anliegen, die sich auf die Effizienz des Unterrichts beziehen und daher zu evaluieren sind. Effizient ist Unterricht für einen Schüler
dann, wenn die Differenz zwischen den anzugebenden Zielvorstellungen und dem
tatsächlich Erreichten für ihn möglichst klein bzw. nicht mehr zu messen ist. Effizienter Unterricht ist also erfolgreicher Unterricht im Sinne eines messbaren Erfolgs im
Rahmen standardisierter Überprüfungsverfahren. In die Betrachtung einfließen müssen dabei:

• Lehrpläne und Richtlinien, die Lernstandards vorgeben

• Moral-, Arbeits- und Verhaltensnormen, die allgemein in einer demokratischen
Gesellschaft als Standard gelten

• Lernstandserhebungen, zentrale Abschluss- und Abiturprüfungen, die diese
Standards repräsentieren

• Lern-, Arbeits-, Sozial- und kognitive Kompetenzen, die die Schüler mitbringen

• Bedingungen der tatsächlichen schulischen Umgebung, die den Lehr-
/Lernprozess beeinflussen

• Personale, soziale, fachspezifische und handlungsbezogene Kompetenzen, mit
denen der Lehrer den Lehr-/Lernprozess gestaltet

**In Bezug auf diese Zielvorstellung ist Evaluation eine Feststellung der realen
Lernbedingungen und -ergebnisse und eine Überprüfung des Verhältnisses
zwischen diesen Bedingungen und den Ergebnissen.** Es geht um die Ermittlung
von Daten in einem – so weit wie möglich – objektiven Sinn. Die Feststellung eines
Meinungsbildes über die soziale bzw. emotionale Befindlichkeit der Schüler (soziale
Realität) kann hierbei nicht das Anliegen sein (vgl. Kliebisch / Meloefski 2009a). Eine
Evaluation stellt nicht die Frage, ob Schüler etwas gut finden oder sich bei einem bestimmten Tun gut fühlen; es geht darum, ob die Schüler mit der Lehr-/Lerngestaltung
zurecht kommen und erfolgreich gelernt haben (objektive Realität).

Dieser Gedanke schließt nicht aus, die soziale Realität in die Gestaltung unterrichtlicher und erzieherischer Prozesse einzubeziehen. Im Rahmen eines Feedbacks (Metakommunikation) darf und soll der Lehrer jene Störfaktoren ausfindig machen, die die Beziehungsebene des unterrichtlichen Geschehens ungünstig beeinflussen (Störfaktizität). Es ist Aufgabe des Lehrers, im Rahmen rationaler Diskurse jene Befindlichkeitsstörungen zu thematisieren und so weit wie möglich aufzulösen. Dies ist im Interesse effizienter Lehr-/Lernprozesse notwendig, ist aber nicht Gegenstand einer Evaluation.

Evaluation ist die begründete Vorgehensweise, Vorgänge und organisatorische Maßnahmen im Unterricht im Hinblick auf deren Absicht und Wirksamkeit zu beschreiben, zu analysieren und zu bewerten. Es geht um das systematische Untersuchen von Nutzen und Wert einer Arbeit vor dem Hintergrund festgelegter Zielvorstellungen bzw. Zielvereinbarungen. Für eine spezifische Fragestellung sind Informationen nach geeigneten Verfahren zu erheben und zu sammeln. Diese werden anschließend analysiert, um z. B. Bewertungen über die Arbeit oder die Zielvorstellung vornehmen und in der Folge anpassende Maßnahmen treffen zu können.

Evaluation ist damit als ein Verfahren zur Qualitätsentwicklung und -sicherung anzusehen. Qualität bezieht sich auf den verabredeten Gütemaßstab, der durch die Bildungsstandards vorgegeben ist. Mit Hilfe der Evaluation wird kontrolliert, ob die Erwartung erfüllt werden konnte, eine bestimmte Leistung des Unterrichts zu erbringen („rückblickende Wirkungskontrolle") oder ob Maßnahmen zur Korrektur folgen müssen („vorausplanende Interventionen"). Bei einer solchen Aufgabe besteht bei Lehrern ein dauerhaftes Interesse, ihre schulische Arbeit immer wieder zu evaluieren (vgl. Mittelstädt 2006).

In diesen Rahmen der Qualitätssicherung gehört auch die **Evaluation des Lehrerhandelns**. Das Können einer Lehrperson wird von ihrem „inneren Handlungsbild" bestimmt. Dieses begründet sich auf ein erworbenes Erfahrungsmuster (der subjektiven Theorie). Damit eine Lehrperson ihr unterrichtliches Handeln den sich ändernden Bedingungen von Unterricht und Schule anpassen kann, ist es entscheidend, dass sie die Zuordnung von Situation und Handeln immer wieder neu zu bedenken und ihr

praktisches Erfahrungsmuster mit den theoretischen Erklärungsmustern abzuglei-
chen versucht.

4.2. Funktionen, Bereiche und Formen

Evaluation ist einerseits der Prozess der systematischen Untersuchung eines Be-
reichs, andererseits auch der Ergebnis dieser Untersuchung. Man unterscheidet in
der Hauptsache **drei Fragestellungen:**

- **„Was ist herausgekommen?" (Darstellung des Ergebnisses)**
- **„Was wurde nicht verstanden?" (Untersuchung von Bedingungen)**
- **„Wie ist etwas abgelaufen?" (Beschreibung des Prozesses)**

Bei jeder dieser Untersuchungen ergeben sich Einsichten, aus denen Konsequenzen
gezogen und durch die Veränderungen ausgelöst werden können (vgl. Mittelstädt
2006).

Für den fortlaufenden Unterricht ist die **prozessbezogene Evaluation** geeignet, weil
deren Ergebnis direkt für die Weiterführung des Unterrichts genutzt werden kann
(formative Evaluation); es werden in diesem Fall durch Evaluation sozusagen Ent-
wicklungshilfen für das weitere Vorgehen gewonnen. In der Hauptsache sind vier
Funktionen der Evaluation zu beachten:

- Entwicklungsfunktion: Es lassen sich Schwachstellen auffinden und Verbesse-
rungsmaßnahmen finden.
- Entscheidungsfunktion: Über die Bedeutung des Untersuchungsbereichs kann
befunden werden; es lassen sich Veränderungen begründen.
- Kontrollfunktion: Es lässt sich klären, ob ein bestimmtes Verfahren zweckmäßig
war.
- Lernfunktion: Man erhält Aufschluss über die Funktion einer Maßnahme.

Im Zusammenhang mit den einzelnen Funktionen können auch weitere Interessen
bei einer Untersuchung eine Rolle spielen. Die Evaluationsabsicht bedarf daher zu
Beginn des Vorhabens einer eindeutigen Klärung. Eine solche ist außerdem Voraussetzung dafür, Kategorien und zuverlässige Kriterien für die Bewertung der ermittelten Daten zu finden. Evaluation dient unter diesen Gesichtspunkten der Selbstver-
gewisserung und des Findens von Kriterien dazu, die Qualität der unterrichtlichen

Arbeit weiter zu entwickeln und zu sichern. Dazu sind die Lernstände der Schüler stets aufs Neue zu ermitteln, um im Sinne des Förderns und Forderns fortlaufend angepasste Wege zur Erreichung der Unterrichtsziele herauszufinden.

Die **Evaluation im Bereich Unterricht** ist praxisorientiert und auf konkrete Einzelsituationen gerichtet. Es geht darum, Schwächen, Stärken und Handlungsnotwendigkeiten bezüglich der Entscheidungen und der eigenen Fähigkeiten zu finden. Für die Evaluation von Unterricht bieten sich z. B. folgende Bereiche an, die auf die Qualität der Unterrichtsarbeit Rückschlüsse zulassen:

- Gestaltung / Struktur des Unterrichts*prozess*es (Dramaturgie von Unterricht)
- Umsetzung der Lern*ziele* (Kompetenzen)
- Leistungsprofile / *Verhalten* der Schüler (soziale Dimension)

Für jeden dieser Bereiche können wiederum Teilfunktionen gefunden und evaluiert werden. In Bezug auf die Gestaltung des Unterrichtsprozesses können z. B. folgende Teilbereiche von Interesse sein:

- Unterrichtsprozess und Unterrichtsergebnis
- Funktion von Gruppenarbeitsphasen z. B. unter dem Aspekt selbstständigen Lernens
- Interaktionsprofil der Lerngruppe z. B. in der Phase der Auswertung / Vernetzung
- Störungen mit Blick auf Art, Umfang und mögliche Ursache
- Aktivitätsprofil von Mädchen und Jungen im Unterricht
- Medieneinsatz im Blick auf Art, Umfang und Wirkung
- Problemorientierung: Problembewusstsein und Lösungsverhalten
- Schülerorientierung im Blick auf Lern- und Entwicklungsstand

Formen der Evaluation

Von Evaluieren im engen Sinne unterscheidet man auch das Evaluieren im weiteren Sinne. Im ersten Fall geht es um die weitgehend objektive (strukturierte) Datenerhebung, im zweiten Fall um die Ermittlung von Informationen in der (unstrukturierten) Selbstbetrachtung des eigenen Unterrichts durch die Lehrperson. Die objektive Datenerhebung wird durchgeführt mittels

✓ Fragebogen, um ein Feedback der Schüler zu bekommen,
✓ Beobachtungsbogen, um das Verhalten der Schüler festzustellen.

Der **Fragebogen** wird im Allgemeinen für eine schriftliche Befragung verwendet. Er kann ebenso für ein strukturiertes Interview benutzt werden. Die Schriftlichkeit sichert weitgehend die Neutralität des Verfahrens und dadurch die Bereitschaft der Schüler zu offeneren Antworten. Der Einsatz eines Beobachtungsbogens sollte von Personen durchgeführt werden, die nicht am Unterricht beteiligt sind. Die nachträgliche oder zwischenzeitliche Bearbeitung durch die Lehrperson selbst führt zu Ungenauigkeiten. Die Zusammenarbeit mit Kollegen ist wünschenswert. Sie bietet die Möglichkeit, einen Beobachtungsbogen in kooperativer Arbeit zu erstellten und auch auszuwerten. Auf diesem Wege lassen sich Fremdsicht und Eigensicht zu einer weitgehend objektiven Erhebung verbinden sowie auf dieser Grundlage tragfähige Konsequenzen ziehen.

Ein Verfahren zur Kontrolle des eigenen Lehrerhandelns bietet die **Videografie** (Selbstkonfrontation). Die technische Ausstattung der Schulen könnte diese möglich machen. Die Videografie sollte man nutzen, um sich in der Selbstbetrachtung ein Bild vom eigenen Verhalten zu machen.

In Bezug auf die beteiligte Lehrerschaft wird bei der Evaluation unterschieden:

- Die Fremdevaluation (externe Evaluation); diese wird von Nichtmitgliedern der Schule (Außenstehenden) durchgeführt (z. B. Schulinspektoren),
- Die Selbstevaluation (interne Evaluation); diese wird von den Lehrern einer Schule durchgeführt. Von Selbstevaluation spricht man auch, wenn eine Lehrperson den eigenen Unterricht selbst evaluiert.

4.3. Evaluation von Unterricht

Zu den **unstrukturierten Verfahren** zählen die **Selbstbeobachtung** des eigenen Handelns und die **Beobachtung des Handelns der Schüler** im Unterricht sowie die Rückmeldung durch Aussagen und Verhalten der Schüler. Diese Verfahren fallen nicht unter Evaluation im eigentlichen Sinne, denn sie liefern mehr oder weniger subjektive Eindrücke (vgl. Buhren 2007).

Lehrpersonen wenden diese unstrukturierten Verfahren häufig an; solche Verfahren sind in der Regel die einzige Grundlage für die Reflexion des eigenen Unterrichts. Auch wenn es sich um subjektive Ergebnisse handelt, sind unstrukturierte Verfahren jedoch geeignet, weitreichende Hinweise über Vorstellungen und Annahmen vom eigenen Unterricht und damit auch für eine strukturierte Erhebung zu gewinnen (vgl. Burkard / Eikenbusch 2005). Aus diesem Grunde werden diese Verfahren im Folgenden kurz skizziert.

Profitipp:

Zur Ermittlung der Häufigkeit von Wortbeiträgen der Schüler/innen in einer Zeitphase des Unterrichts kann man folgende Matrix verwenden:

Schüler	*Zeitphase in der Stunde*									
Claudia										
Peter										
Julia										
Robert										

In einer ausgewählten Zeitphase des Unterrichts vermerken Sie die Wortbeiträge in der zeitlichen Abfolge in den dazugehörigen Kästchen (z. B. durch einen senkrechten Strich). Auf diese Weise erhalten Sie für die gewählte Zeitphase eine Übersicht, welche Schüler wann und wie oft einen Beitrag geleistet haben. Die besondere Qualität eines Beitrages kann z. B. durch ein Kreuz hervorgehoben werden.

⇨ Hilfsmittel: Selbstbeobachtung

Die Lehrperson beobachtet sich selbst, ihre handlungssteuernden Prozesse und die festzustellenden Strukturen, die Lehrperson beobachtet gleichzeitig oder getrennt das Schülerverhalten in Bezug auf die eigene Aktion. Die Beobachtungen werden entweder nachträglich – z. B. für eine Unterrichtsphase – rekonstruiert oder sie werden in der Praxissituation – z. B. in einer Unterrichtsphase – direkt vorgenommen und notiert. In allen Fällen ist die Selbstbeobachtung ein **schwieriges Unterfangen**. Die Lehrperson ist als Handelnde einerseits intensiv am Unterrichtsgeschehen beteiligt, andererseits muss sie sich als Beobachter neben das Geschehen stellen können, um die Interaktionen nicht zu stören, die sie beobachten möchte. Besonders schwierig wird es dann, wenn der Lehrer gleichzeitig mehrere Beobachtungskriterien verfolgen will. Beobachtungen und ihre Niederschrift während der Unterrichtsstunde setzen die bewusste Verlangsamung der Arbeit in der entsprechenden Phase voraus. Das kann zu einem bewussten Achten auf das eigene Agieren führen und dadurch der Unterrichtsarbeit förderlich sein.

Bei der Niederschrift der Beobachtungen unmittelbar nach einer Unterrichtsstunde sind Fehler und Verzerrungen, aber auch Tilgungen hinsichtlich der Beobachtungen auf Grund des Zeitfaktors nicht zu vermeiden. Dieses Verfahren erlaubt dennoch eine weitreichende Ermittlung von Informationen über verschiedene Unterrichtsereignisse. Dies gilt vor allem, wenn die in den Blick genommenen Unterrichtsprozesse nachträglich oder parallel zum Verlauf visualisiert und als Film beobachtet werden. Für eine Rekonstruktion von Wahrnehmungen sollten in diesem Falle mehrere Kamerapostionen zur Verfügung stehen, die oft erst zusammen mit der Niederschrift einen adäquaten Eindruck des tatsächlichen Ablaufs vermitteln und zu distanzierten Urteilen über das Geschehen führen. Die hier genannten Verfahren liefern bei allen Einschränkungen gewisse Rückmeldungen für eine Selbstreflexion und erlauben eine vorläufige Selbsteinschätzung des eigenen Handelns; dadurch schaffen unstrukturierte Verfahren eine erste Voraussetzung für Änderungsprozesse und für weitere Untersuchungen.

Beobachten lassen sich aber meistens nur Skills (z. B. „Wie häufig kommen Schüler, wie häufig kommt die Lehrperson in einer Minute zu Wort?"), weil die geteilte Aufmerksamkeit meistens nur für wenige Minuten gelingt. Auch an einem solch einfachen Fall der Ermittlung des Sprechanteils lässt sich durch Extrapolation bereits erschließen, welche Chancen der Mitarbeit den Schülern in der entsprechenden Situation eingeräumt wurden. Beobachtungen dieser Art werden meistens unstrukturiert vorgenommen, das heißt, es werden keine vorformulierten Fragebögen oder Beobachtungsbögen für die Ermittlung weitreichender Beobachtungen verwendet. Die unstrukturierte Beobachtung kann daher nur Informationen liefern, um Probleme z. B. des eigenen Lehrerverhaltens zu entdecken oder um die eigenen Ziele zu klären. Je präziser die Lehrperson allerdings vorüberlegt, welche Phänomene sie beobachten möchte, desto aussagekräftiger werden für sie die Ergebnisse der Beobachtung sein. Von den Schülern erhält eine Lehrperson im Unterricht fortlaufend eine Rückmeldung (auch dann, wenn Schüler nichts sagen sollten). Kommunikation findet eben immer statt. Es handelt sich bei diesem Feedback um Wahrnehmungen der Lehrperson, die aus Aussagen und Verhalten bestehen (verbale und nonverbale Signale). Man spricht hierbei von einem primären Feedback (vgl. Bastian / Combe / Langer 2007). Das Verhalten der Schüler im Unterricht (also die nonverbale Komponente der kommunikativen Interaktion) ist aber ein zu geringes Anzeichen, um Rückschlüsse auf die Qualität des Unterrichts und auf die des Lehrerverhaltens zu ziehen. Nonverbale Informationen müssen nachhaltig interpretiert werden, will man sie so verstehen, wie der Sender sie gemeint hat. Diese Interpretationen gelingen stets besser, wenn der Empfänger der Botschaft den Sender im Blick auf die Intention fragen kann. Das aber ist im Unterricht nur im Rahmen von metadiskursiven Phasen möglich, die mit einem unstrukturierten Beobachten nicht gemeint sind.

Das unspezifische Feedback, wie man es durch die Reaktion der Schüler erhält, gibt daher kaum Hinweise darüber, in welcher Richtung und mit welchem Umfange eine Lehrperson ihr Verhalten ändern könnte, um es grundlegend zu verbessern. Der Prozess der Wahrnehmung ist außerdem kein passives Aufnehmen von Reizen, sondern in der Regel ein aktives Auswählen nach unspezifischen und willkürlichen Kriterien. Hinzu kommt hinzu, dass sich zwischen einer Lehrperson und ihren Schülern im Laufe der Zeit Gewohnheitsprozesse ausbilden können, die zur Verschiebung der Maßstäbe führen und Täuschungen bzw. Fehldeutungen Vorschub leisten. So wird eine Lehrperson durch eine gute Beteiligung der Schüler oft darüber getäuscht, was Schüler im Unterricht tatsächlich gelernt haben. Oder eine Lehrperson entwickelt die Annahme, eine Lerngruppe habe einen Sachverhalt verstanden, obwohl nur zwei exponierte Schüler dies verbal gezeigt haben (s. a. Grell 2001).

Bei Einsatz mehrerer Kameras lässt sich für die Rekonstruktion der Wahrnehmungen mit Hilfe einer solchen Niederschrift ein adäquater Eindruck des tatsächlichen Ablaufs ermitteln und auf dieser Grundlage ein distanziertes Urteil über das Geschehen finden. Dieses Setting ermöglicht es, das eigene Agieren in der Unterrichtsarbeit schülerorientiert zu verbessern.

⇨ Hilfsmittel: Fragebogen
Konstruktion von Fragen

Die Befragung mittels Fragebogen wird in der Regel schriftlich vorgenommen. Natürlich kann der Fragebogen auch zur Grundlage eines Interviews genutzt werden. Bei der Entscheidung für die eine oder andere Form spielen in der Hauptsache der Inhalt der Befragung und die mögliche Einstellung der Befragten selbst eine Rolle. Hierbei sind folgende Fragen zu beantworten:

➢ Erhält man eine „wahre" Auskunft eher bei einem Interview oder bei einer schriftlichen Befragung?

➢ Sind zur Beantwortung der Fragen individuell unterschiedliche Hilfen erforderlich?

➢ Können Schüler in allen Fällen den Sinn der Frage eindeutig erfassen?

Häufig ist es ratsam, Schüler schrittweise an die (Art der) Befragung heranzuführen. **Dazu bietet sich ein kombiniertes Verfahren aus Interview (qualitativ) und schriftlicher Befragung mittels Fragebogen (quantitativ) an.** Anfangs sind nur wenige Fragen angebracht. So kann man Fragen auf ihre Eignung zur Ermittlung des intendierten Zieles prüfen.

Die Befragung mit Hilfe eines Fragebogens wird häufig als ein einfacher Weg angesehen, weil Fragen in der Regel rasch und ohne Aufwand erstellt werden können. Außerdem kann sie anonym erfolgen. Gerade darin liegt ein Problem, da das Stellen von zielorientierten Fragen so ohne Weiteres meistens nicht gelingt. Dieses merkt man oft erst bei der kritischen Betrachtung der Antworten. **Die Brauchbarkeit eines Fragebogens hängt von der Qualität der Fragen ab.** Einmal formulierte Fragen kann man nicht mehr korrigieren. Anders als bei einem Interview sind keine Rückfragen möglich und damit auch keine Präzisierung der gestellten Fragen. Es kommt also darauf an, dass die Fragen in einem Fragebogen von den Adressaten so verstanden werden, wie sie gemeint sind. Selbst wenn diese Voraussetzung gegeben ist, sind die Fragen so zu konstruieren, dass die Antworten auch für ein intendiertes Ziel verwendet werden und dafür die gewünschte Information liefern können. Es geht darum, gültige und zuverlässige Informationen über die eigene Tätigkeit als Lehrer zu erhalten. Man möchte Einsichten bekommen in die Gegebenheiten des eigenen Unterrichts. Klarheit über die Ausgangssituation und Klarheit über die Konstruktion der Fragen sind zwei wichtige Bedingungen bei der Erstellung eines Fragebogens. Bei der Konstruktion von Fragen sind also Entscheidungen über den Inhalt und über die Formulierung der Fragen erforderlich, ebenso auch über ihre Abfolge z. B. in einem Fragebogen sowie über die Form, in der die Antworten gegeben werden sollen.

Profitipp:

Vor Durchführung einer Befragung sollte man einige der Fragen bei verschiedenen Anlässen im Unterricht (sozusagen in unverdächtiger Weise) auf Ihre Brauchbarkeit hin prüfen. Bei dem entsprechenden Frage-Antwort-Beispiel gilt es u.a. festzustellen:

Wie wird die Frage verstanden? Welche Antworten können gegeben werden? Erhält man aus der Antwort die benötigte Information?

Fragebogen: Anordnung von Fragen

Durch die Anordnung der Fragen kann die Aufmerksamkeit gesteuert werden. Der Fragebogen darf nur so lang sein, dass die Befragten nicht überfordert werden und ermüden. Die Aufmerksamkeit der Befragten steigt zunächst an und erreicht in der Regel im mittleren Teil des Bogens einen Höhepunkt. Schwierig zu beantwortende Fragen sollten daher im mittleren Teil des Fragebogens angeordnet sein. Erst einmal hinführen sollte man die Befragten manchmal auf solche Fragen, die von ihnen direkt nicht ohne Weiteres wahrheitsgemäß beantwortet werden dürften. Man nennt diese Methode „**Trichtern**". Dabei versucht man, durch einige allgemeine Fragen zum Sachverhalt auf die eigentliche, spezielle Frage hinzuführen. Außerdem geht es darum zu verhindern, dass sich die Fragen gegenseitig beeinflussen. Positive oder negative Äußerungen zu einer Sache wirken auf eine Beurteilung eines nachfolgenden Sachverhaltes positiv oder negativ; dadurch ziehen Befragte Folgerungen von dem einen auf den anderen Sachverhalt, die für sie selbst logisch erscheinen. Aber ihre Antworten entsprechen in solchen Fällen nicht mehr der Wahrheit.

Fragen erhalten also auf Grund ihrer Anordnung eine bestimmte Funktion in einem Fragebogen. Man unterscheidet verschiedene **Arten von Fragen**:

- Einleitungsfragen, um die Befragten für die Bearbeitung des Fragebogens zu motivieren
- Pufferfragen, um Gruppen bestimmter Fragen voneinander abzugrenzen
- Hinführungsfragen, die die Beantwortung einer „schwierigen" Frage erleichtern sollen
- Kontrollfragen, um festzustellen, ob die Antworten oberflächlich sind, die Fragen erfasst worden sind oder sonstige Einflüsse zu falschen Antworten geführt haben könnten

Fragebogen: Formulierung von Fragen

Wichtige **Grundsätze bei der Formulierung von Fragen** sind z. B.:

- ✓ Eindeutige grammatikalische Konstruktion (direkte Frage / Aussagen / Feststellungen)

✓ Einfache und kurze Formulierungen

✓ Berücksichtigung von Altersstufe und Wissensstand der Schüler (keine Fremd- und Fachwörter, keine Abkürzungen)

✓ Anpassung an die Umgangs-/Alltagssprache der Schüler

✓ Möglichkeit einer zutreffenden Antwort

✓ Ernst gemeinte Fragen, keine Suggestivfragen

✓ Offene Fragen mit freier Antwortform

✓ Geschlossene Fragen mit festgelegter Antwortformen festlegen

✓ Vermeidung von Fragen, die zu Widerspruch / Ablehnung reizen

✓ Nur für alle Befragten relevante Fragen

✓ Bezug zu einem für alle Befragten eindeutigen Zeitrahmen

Ergänzung: In manchen Fällen ist es wünschenswert, die objektive Information durch subjektive Informationen (Meinungen, Einstellungen) zu ergänzen. **Bei direkten Fragen wird eine persönliche Meinungsäußerung des Befragten zu einem Sachverhalt gewünscht, bei indirekten Fragen wird die Reaktion auf die Meinung anderer Personen oder auf vorgegebene Situationen erfragt.** Fragen, bei denen ein persönliches Interessen eine Rolle spielt oder die die Beziehungsebene berühren, verleiten zu Antworten, die vom Befragten erwartet werden könnten oder für die eigene Situation nützlich sind. Bei derartigen Fragen ist es meistens zweckmäßig, eine projektierte Frage („Was denken andere darüber?") der direkten Frage voranzustellen.

Fragebogen: Antwortformen

Entscheidungen sind darüber zu treffen, ob die Antwort auf die gestellte Frage durch Ankreuzen einer Vorgabe oder von mehreren Vorgaben, durch eine Kurzantwort (mit wenigen Worten) oder durch eine frei formulierte Aussage gegeben werden soll. Möglich sind auch Kombinationen der Antwortformen. Die **freie Antwortform** lässt dem Befragten die Möglichkeit, mit eigenen Worten zu antworten. Diese Form stellt eine hohe Anforderung an den Befragten hinsichtlich seiner Sprachfähigkeit und seines Einblicks in das Fragegebiet. Bei der **gebundenen Antwortform** sind die Antwortmöglichkeiten vorgegeben. Dies kann in verschiedener Weise geschehen:

• Alternativfragen (ja – nein, richtig – falsch)

• Auswahlantworten (A – B – C)

- Listenantworten (Auswählen des Zutreffenden, also: A oder B oder C)
- Skalen (Markierung der eigenen Einschätzung auf einer Zahlenskala)

Bei mehreren Antwortvorgaben ist danach zu fragen, ob diese trennscharf sind und ob diese alle wichtigen Merkmale umfassen. Auswahlantworten verlangen zweckmäßige und im Sinne der Fragestellung aussagekräftige Alternativen. Außerdem muss klar sein, in welchem Umfange die Fragen zu beantworten sind (z. B. „Wie viele Alternativen sollen angekreuzt werden?")

⇨ **Hilfsmittel Beobachtungsbogen**

Beobachtungsaufgabe

Während die Befragung darauf gerichtet ist, Antworten oder Reaktionen bei einem Befragten auszulösen, ist das Beobachten ein **registrierendes Verfahren**. Der Beobachter registriert Vorgänge in distanzierter Weise und rezeptiver Haltung, ohne auf die Vorgänge einen Einfluss auszuüben. Auch bei der Beobachtung geht es darum, sinnlich wahrnehmbare Ereignisse des Unterrichtsgeschehens planmäßigsystematisch festzuhalten.

Beobachten ist mehr als lediglich das festzuhalten, was einem auffällt. Ungeübten Beobachtern gelingt es kaum, relativ sachliche Beschreibungen von Verhaltensweisen zu liefern und Einordnungen und Interpretationen zurückzustellen. Weil man als Lehrperson das Verhalten von Schülern zu verstehen glaubt, übersieht man leicht die Einzelheiten ihres Tuns; die Wahrnehmung organisiert sich von selbst zu größeren Komplexen („Superzeichen"), durch Summierung verschiedener Eindrücke wird die Beobachtung konstruiert. Häufig werden schon Vermutungen (und Interpretationen) als Beobachtungen angesehen.

Bei unseren Beobachtungen sagen wir manchmal mehr aus über uns selbst, unsere Erfahrungen und Bewertungsmaßstäbe sowie unsere subjektiven Theorien **als über den Gegenstand der Beobachtung**. Für die Kontrollierbarkeit einer Beobachtung ist eine genaue Beschreibung notwendig, die ohne Wertung auskommt. Der eigene Sprachgebrauch muss deshalb dahingehend überprüft werden, inwiefern die in gewohnter Weise verwendeten Wörter mehrdeutig sind oder wertende Bezüge enthalten. Hinzu kommt die Schwierigkeit der Selektivität von Wahrnehmungen: Der Beobachter wählt aus dem sich bietenden Reizangebot bestimmte Inhalte aus und nimmt auch nur diese wahr. Das Beobachten muss formalisiert und eingehend geübt werden, wenn diese Methode bei der Datenerhebung eindeutige Ergebnisse liefern soll.

Das Beobachten ist also ein schwieriger Vorgang. Die Form der Alltagsbeobachtung wird als **naive Beobachtung** bezeichnet. Sie sollte durchaus der **systematischen Beobachtung** vorausgehen, weil dadurch in der Regel erst Probleme aufgedeckt werden. Beide Formen spielen in der Unterrichtsbeobachtung eine Rolle. Letztlich muss es aber das Ziel sein, dass gleiche Ereignisse von zwei oder mehreren Beobachtern gleich wahrgenommen und auch in gleicher Weise dargestellt werden. Voraussetzung dafür ist einmal die Klärung des Beobachtungszieles und zum Anderen dessen Einordnung in einen theoretischen Bezugsrahmen. Eine Beobachtung bedarf einer eingehenden Planung; als Grundlage sollte ein Beobachtungsbogen dienen, die Beobachtungen sollte man dokumentieren. **Die Vorzüge der Beobachtungsmethode im Unterricht** liegen vor allem darin, dass

- ein Ereignis zum Zeitpunkt des Geschehens festgehalten wird,
- ein Ereignis unabhängig von inhaltsspezifischen und personenspezifischen Eigenschaften beobachtet wird,
- eine Diskrepanz zwischen wirklichem und berichtetem Ereignis vermieden werden kann,
- ein Ereignis in / mit seinem Umfeld sozusagen wie in einem Bild festgehalten werden kann.

Für die Unterrichtsbeobachtung ist es also erforderlich, einen Beobachtungsbogen mit operationalisierten Beobachtungskategorien zu verwenden. Es handelt sich um einen Plan, der dem Beobachter sagt, was er und wie er zu beobachten hat. Ein solcher Beobachtungsbogen als Grundlage ist eine wichtige Voraussetzung dafür, dass die gesammelten Informationen genügend präzise sind und sich Beobachtungsfehler wenig störend bemerkbar machen.

Für die **Durchführung der Unterrichtsbeobachtung** ist es außerdem notwendig, einen geeigneten Beobachter hinzuzuziehen. Für diese Aufgabe ist die Unterstützung von Kollegen an der eigenen Schule zu suchen. Da diese sich in der gleichen Situation befinden, ist die kollegiale Zusammenarbeit bei der Evaluation von persönlichem Interesse. Es geht hierbei nicht um gegenseitiges Hospitieren im Unterricht. Die Zusammenarbeit sollte sich auf die Erstellung der Beobachtungsbögen und auf die der Bewertungskriterien beziehen. Durch die gemeinsame Diskussion über die Evaluation des Unterrichts durch Beobachtung lassen sich Fremdsicht und Eigensicht über die Vorstellungen des eigenen Unterrichts reflektieren und weiterentwickeln.

Hinweis:

Referendare können Beobachtungsbögen auch im Rahmen ihrer Hospitationen nutzen. Günstig wären in dem Fall das Erarbeiten geeigneter Beobachtungskriterien in den Haupt- und Fachseminaren sowie die Zusammenarbeit mit Ausbildungslehrern im Blick auf die Auswertung der Beobachtungen. Das reflektierte Nutzen von Beobachtungsbögen im Rahmen von Fremdhospitationen kann durch das systematische und zielgerichtete Vorgehen die Effizienz der unstrukturierten Selbstbeobachtung erhöhen, die Referendare wie ausgebildete Lehrer in der Regel als einziges Instrument zur Evaluation ihres eigenen Unterrichts verwenden. Die Effizienzsteigerung ergibt sich durch die Fokussierung auf wiederkehrende Kriterien und (nach aller Erfahrung) auch wiedererkennbares Schülerverhalten.

Beobachtungsformen

❖ Schätzverfahren zur Beobachtung von Verhalten

Hierzu erstellt man einen Beobachtungsbogen für verschiedene Eigenschaften und Verhaltensweisen mit vorgegebenen Abstufungen. Begriffspaare, die ein bestimmtes Verhalten gegensätzlich beschreiben, werden mit Hilfe eine Skala eingeschätzt. Beispiel: „gerecht – ungerecht" auf einer Skala zwischen 1 und 7. Über den Umfang des Begriffspaares muss man sich vorher verständigen.

❖ Beobachtung mit Hilfe von Merkmalsystemen

Hierbei wird eine Liste von Merkmalen erstellt, die auftreten können. Es wird geprüft, wie oft bestimmte Merkmale auftreten.

❖ Beobachtung mit Hilfe von Kategoriensystemen

Hierbei entwirft man für einen vorher festgelegten Untersuchungsbereich Kategorien; jede zu beobachtende Einheit muss eindeutig nur durch eine einzige Kategorie klassifiziert werden können.

4.4. Gestaltung einer Evaluation

Planung

Bei der Evaluation geht es darum, Daten methodisch organisiert zu erheben und systematisch zu dokumentieren; Vorgehen und Ergebnisse müssen nachvollziehbar und überprüfbar sein.

Grundlegende Fragen sind z. B.

- Was soll erfragt / erhoben werden?
- Warum soll gerade das erfragt werden?
- Welcher Nutzen soll erreicht werden?
- Wie soll die Auswertung vorgenommen werden?
- Über welche Informationen erhält man die erforderlichen Auskünfte?

Die Evaluation erfordert bestimmte Schritte des Vorgehens und eine bestimmte Reihenfolge dieser Schritte.

Planungsschritte

✓ Der zu evaluierende Bereich wird ausgewählt.

✓ Ziele werden geklärt und festgelegt.

✓ Bedingungen / Voraussetzungen werden beschrieben.

✓ Aufschlussgebende Merkmale („Indikatoren") werden ermittelt, deren Beobachtbarkeit und Bewertbarkeit werden geprüft.

✓ Bewertungskriterien werden ermittelt.

✓ Die Methode der Datenerhebung wird festgelegt, das Vorgehen wird beschrieben; geeignete Erhebungsunterlagen werden erstellt.

Durchführung

✓ Daten werden gesammelt und aufbereitet.

(Die Datenquellen sind in Bezug auf den Unterricht in erster Linie die Schüler.)

Auswertung der Informationen

✓ Daten werden analysiert, die Bewertungskriterien werden geprüft.

✓ Ergebnisse und Verfahren werden bewertet.

✓ Konsequenzen aus dem Ergebnis werden gezogen, über deren Verwendung wird befunden

✓ Die Bewertung erfolgt durch den Ist-Soll-Vergleich; vorher explizit und begründet festgelegte Werte werden mit den ermittelten Werten verglichen.

Bei der **Bewertung** spielen Kriterien eine Rolle, die auf folgende Anforderungen gerichtet sein können:

✓ Voraussetzungen (z. B. „Konnte den Erfordernissen Rechnung getragen werden?")

✓ Ergebnis (z. B. „Ist eine Qualifizierung erreicht worden?")

✓ Lernen (z. B. „Kann das Vermittelte korrekt – reproduzierend, reorganisierend – wiedergegeben werden?")

✓ Prozess (z. B. „Entspricht der Verlauf des Lehr-/Lernprozesses den Erwartungen?")

✓ Transfer (z. B. „In welchem Umfange kann das Vermittelte angewendet werden?")

✓ Akzeptanz (z. B. „Wie sinnvoll erscheint das Vorhaben?")

4.5. Arbeitsanregungen

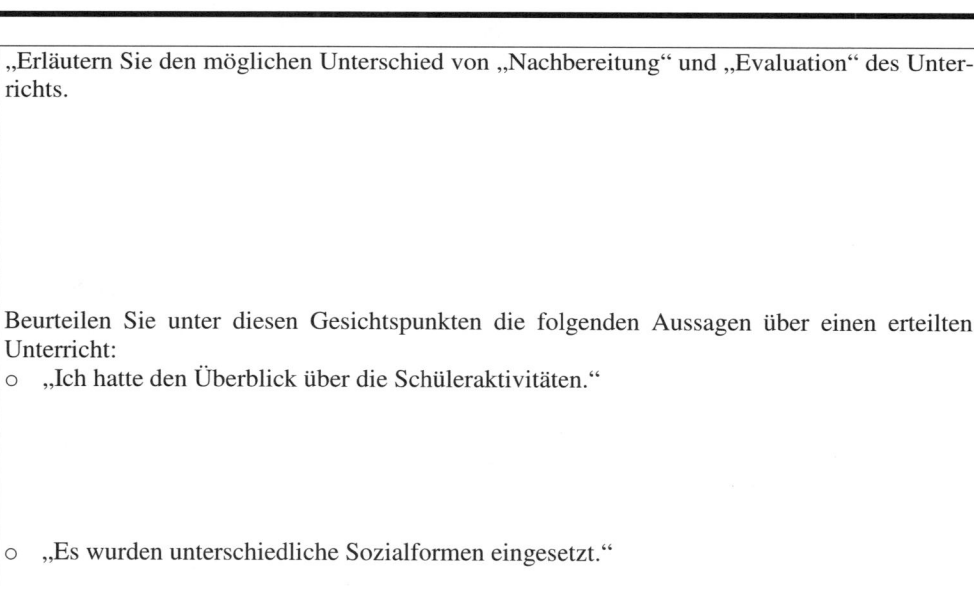

Evaluation

„Erläutern Sie den möglichen Unterschied von „Nachbereitung" und „Evaluation" des Unterrichts.

Beurteilen Sie unter diesen Gesichtspunkten die folgenden Aussagen über einen erteilten Unterricht:

o „Ich hatte den Überblick über die Schüleraktivitäten."

o „Es wurden unterschiedliche Sozialformen eingesetzt."

Welchen Nutzen erwarten Sie von der Evaluation Ihres Unterrichts. Notieren Sie Stichwörter.	
Nennen Sie drei Bereiche Ihres Unterrichts, die Sie evaluieren möchten.	

Die Qualität des Unterrichts wird in den folgenden Dimensionen beschrieben: Voraussetzungen / Lehr-/Lernprozess / Wirkungen (kurzfristige, langfristige). Nennen Sie Gesichtspunkte, die in den einzelnen Dimensionen zu berücksichtigen sind.

Nennen Sie je drei wichtige Qualitätskriterien für die folgenden Faktoren:
o   Methodik
o   Motivation
o   Angemessenheit
o   Classroom Management

Nennen Sie jeweils drei Ziele, die für Sie bei der Evaluation einer Gruppenarbeit und bei der Evaluation der Einstiegsphase wichtig.

Ein Leitziel des Unterrichts ist die Vermittlung einer persönlichen Qualifikation und Kompetenzen. Wie werden Sie Ihren Unterricht gestalten, um dieses Ziel zu erreichen? Nennen Sie Indikatoren, an denen Sie Ihren Erfolg ablesen können.

Was ist in Bezug auf eine Befragung der Schüler unter objektiver und subjektiver Realität zu verstehen? Verdeutlichen Sie diesen Unterschied durch Formulierung je einer Frage zum Ablaufgeschehen in Ihrem Unterricht.

Überprüfen Sie in Bezug auf eine Unterrichtsphase die Wahl der Wörter, die Sie zur Kommentierung benutzt haben (wie z. B. „gut", „trifft zu"). Wie mehrdeutig oder unspezifisch sind diese Wörter?

Protokollieren Sie in der Phase der Ergebnissicherung einer Ihrer Unterrichtsstunden drei Frage-Antwort-Beispiele möglichst wortwörtlich. Untersuchen Sie an diesen Beispielen, inwieweit die Schüler mit ihren Antworten Unwissenheit verschleiert haben (→ vordergründige Antworten, keine präzisen Aussagen).

Formulieren Sie zu einem Unterrichtsinhalt eine Aufgabe und befragen Sie die Schüler, wie diese die Aufgabenstellung inhaltlich und sprachlich verstehen. (Die Lösung der Aufgabe ist dabei unerheblich.)

Beurteilen Sie die folgenden Fragen aus einem Schüler-Befragungsbogen einer Klasse 6.
Formulieren Sie gegebenenfalls alternative Vorschläge.
○ „Was wir in der Schule lernen, kann ich schaffen."

○ „Der Unterricht ist für mich zu anstrengend."

○ „Ich bin im Unterricht konzentriert."

Die Simulation von Unterricht gilt als effektive Form, die Beobachtungsfähigkeit zu entwickeln. Auf Grund welcher Bedingungen und in welchem Umfang wird dieses Anliegen erreichbar?

Bei Interviews (auf der Grundlage eines Fragebogens) wird man die Befragten manchmal auf die eigentliche Frage zurückführen oder bezüglich der Antworten nachfragen müssen. Überlegen Sie Regeln, nach denen Sie in diesen Fällen die Befragung indirekt steuern können.	
Worin bestehen für Sie der Unterschied zwischen Evaluation und Feedback.	
Wie beteiligen Sie Schüler an der Evaluation von Unterricht? Wie sinnvoll finden Sie Ihr Vorgehen?	
Inwieweit sollten Schüler ein Recht haben, Lehrer zu benoten?	
Welche Bedeutung könnten Evaluationen von Lernfunktionen für Ihren Unterricht haben?	

Wie könnten Sie in Ihrem Unterricht die Problemorientierung oder die Erfahrungsorientierung evaluieren?	
Inwieweit nutzen Sie Fragebögen für Ihre Evaluationen? Mit welcher Begründung?	
Inwieweit sind Punktabfragen geeignete Maßnahmen zur Evaluation von Unterricht?	
Inwieweit sollten interne Evaluation grundsätzlich von externen Evaluationen begleitet sein?	
Sie sollen ein Evaluationskonzept für eine Klasse 7 entwickeln. Welches Vorgehen schlagen Sie vor?	

5.

Literatur-

verzeichnis

„Die Schule ist ein überdimensioniertes

Belohnungssystem.

Fast alles, was die Schüler tun,

fließt in Leistungsbeurteilungen ein."

(Hilbert Meyer)

Adler, A. (2006): Praxis und Theorie der Individualpsychologie. 12. Aufl. Frankfurt / M.

Altrichter, H. / Posch, P. (2006): Lehrerinnen und Lehrer erforschen ihren Unterricht: Unterrichtsentwicklung und Unterrichtsevaluation durch Aktionsforschung. 4. Aufl. Stuttgart

Baacke, D. (2001): Die 6- bis 12jährigen. Einführung in Probleme des Jugendalters. 4. Aufl. Weinheim

Baacke, D. (2003): Die 13- bis 18jährigen. Einführung in Probleme des Jugendalters. 6. Aufl. Weinheim

Baacke, D. (2007): Jugend und Jugendkulturen. Darstellung und Bedeutung. 5. Aufl. München

Backhaus, K. (2004). Persönlichkeit als Forschungsgegenstand der Psychologie. Eine Einführung in das Big Five-Persönlichkeitsmodell. Online-Dokument.

Balke, S. (2003): Die Spielregeln im Klassenzimmer: Das Trainingsraum-Programm. 2. Aufl. Bielefeld

Balliet, M. (2009): Risikofaktor Referendariat. Ein Therapieansatz: In: Seminar 1

Bandler, R. (2006): Veränderung des subjektiven Erlebens. 7. Aufl. Paderborn

Bandler, R. / Grinder, J. (2005a): Metasprache und Psychotherapie. Die Struktur der Magie I. 11. Aufl. Paderborn

Bandler, R. / Grinder, J. (2005b): Reframing. 8. Aufl. Paderborn

Bandura, A. (1976): Lernen am Modell. Stuttgart

Bastian, J. (2007): Einführung in die Unterrichtsentwicklung. Weinheim und Basel

Bastian, J. / Combe, A. / Langer, R. (2005): Feedback-Methoden. Weinheim

Bauer, J. (2008): Prinzip Menschlichkeit: Warum wir von Natur aus kooperieren. München

Bebber, F. v. (2008): Pöbelschüler machen Lehrer krank. spiegel.de online am 10.07.2008 http://www.spiegel.de/unispiegel/jobundberuf/0,1518,565070,00.html

Becker, G. E. (2006): Lehrer lösen Konflikte. Weinheim

Becker, P. (2006): Die Bedeutung von Persönlichkeitseigenschaften und chronischem Stress aufgrund eines Mangels an Bedürfnisbefriedigung für gesundheitliche Beeinträchtigungen von Lehrern. In: Psychologie in Erziehung und Unterricht, 53, S. 81-96

Bildungsserver Rheinland-Pfalz (2009): Förderung http://foerderung.bildung-rp.de/

Blömeke, S. (2005): Das Lehrerbild in Printmedien. Inhaltsanalyse von „Spiegel"- und „Focus"-Berichten seit 1990. In: Die Deutsche Schule 97 (1), S. 24-39

Blumer, H. (1986): Symbolic Interactionsm. Perspective and Method. Barkley

Boenisch, J. / Sachse, S. (2007): Diagnostik und Beratung in der Unterstützten Kommunikation: Theorie, Forschung und Praxis. Karlsruhe

Bohl, T. (2006): Prüfen und Bewerten im Offenen Unterricht. Weinheim 2006

Bovet, S. / Huwendiek (2008) (Hrsg.): Leitfaden Schulpraxis. 5. Aufl. Berlin

Brand, G. (2008): Hochbegabte und Hochleistende Jugendliche – Anmerkungen zum Marburger Hochbegabten Projekt [20.09.2008]

Brück, H. (1986): Die Angst des Lehrers vor seinem Schüler. Zur Problematik verbliebener Kindlichkeit in der Unterrichtsarbeit des Lehrers – ein Modell. Reinbek

Brüning, L. / Saum, T. (2007): Erfolgreich unterrichten durch Kooperatives Lernen. Strategien zur Schüleraktivierung. 3. Aufl. Essen

Brüning, L. / Saum, T. (2008): Erfolgreich unterrichten durch Kooperatives Lernen II. Essen

Bueb, B. (2008a): Ein Lob der Disziplin. Eine Streitschrift. München

Bueb, B. (2008)b: Von der Pflicht zu führen. 9 Gebote der Bildung. München

Buhren, C. (2007): Selbstevaluation in Schule und Unterricht. Köln

Burkard, C. / Eikenbusch, G. (2005): Praxishandbuch Evaluation in der Schule. Berlin

Cameron-Bandler, L. (2005): Die Intelligenz der Gefühle. 4. Aufl. Paderborn

Canori-Stähelin, S. / Schwendener, M. (2006): Mediation macht Schule. Der Weg zu einer konstruktiven Konfliktkultur. Zürich

Caswell, C. / Neill, S. (2004): Körpersprache im Unterricht. Münster

Christ, O. / Dick, R. van / Wagner, U. (2004): Belastung und Beanspruchung bei Lehrern in der Ausbildung. In: Hillert, A. / Schmitz, E. (Hrsg.): Psychosomatische Erkrankungen bei Lehrerinnen und Lehrern. Ursachen, Folgen, Lösungen. Stuttgart, New York. 113-119

Claßen, A. / Nießen, K. (2006): Das Trainingsraum-Programm. Unterrichtsstörungen pädagogisch auflösen. Klasse 5-10. Lichtenau

Cohn, R. (2009): Von der Psychoanalyse zur themenzentrierten Interaktion. 15. Aufl. Stuttgart

Dauber, H. (2008): Psychosoziale Grundkompetenzen im Lehrerberuf. In: Seminar. H 2, S. 41ff.

DeShazer, S. (2006a): Der Dreh. Überraschende Wendungen in der Kurzzeittherapie. 9. Aufl. Heidelberg

DeShazer, S. (2006b): Wege der erfolgreichen Kurztherapie. 9. Aufl. Stuttgart

Deutsch, M. (2000): The Handbook of Conflict Resolution. Theory and Practice. San Francisco

Dewey, J. (2000): Demokratie und Erziehung. 2. Auf. Weinheim

Dick, R. van / Wagner, U. / Christ, O. (2004): Belastung und Gesundheit im Lehrerberuf. Betrachtungsebenen und Forschungsergebnisse. In: Hillert, A. / Schmitz, E. (Hrsg.): Psychosomatische Erkrankungen bei Lehrerinnen und Lehrern. Ursachen, Folgen, Lösungen. Stuttgart, New York. S. 39-51

Diekstra, R. F. / Lotz, N. W. (2003) Rational-Emotive Therapie. RET. Eine zusammenfassende Betrachtung. 3. Aufl. Eschborn

Dreikurs, R. / Grundwald, B. B. / Pepper, F. C. (2007): Lehrer und Schüler lösen Disziplinprobleme. Weinheim

Drews, U. (2008): Zeit in Schule und Unterricht. Weinheim

Edling, L. (2004): Schüler/innen lösen ihre Konflikte. Lichtenau

Elias, M. J. / Schwab, Y. (2006): From Compliance to Responsibility: Social and Emotional Learning and Classroom Management. In: C. Evertson / C. Weinstein (Hrsg.): Handbook of Classroom Management Research, Practice and Contemporary Issues. New Jersey. 309ff.

Ellis, A. (2006): Training der Gefühle. Wie Sie sich hartnäckig weigern, unglücklich zu sein. München

Ellis, A. (2008): Grundlagen und Methoden der Rational-Emotiven Verhaltenstherapie. Stuttgart

Ellis, A. / Hoellen, B. (2004): Die Rational-Emotive Verhaltenstherapie. Reflexionen und Neubestimmungen. 2. Aufl. Stuttgart

Emmer, E. T. / Evertson, C. M. (2008): Classroom Management for Middle and High School Teachers with Access Code. 8. Aufl. Boston

Endres, W. / Küffner, M. (2008): Rhetorik und Präsentation in der Sekundarstufe I und II. Weinheim

Erikson, E. H. (2007): Identität und Lebenszyklus. Frankfurt

Evertson, C. M. / Emmer, E. T. / Worsham, M. E. (2008): Classroom management for elementary teachers. 8. Aufl. Boston

Franz, H.-W. / Kopp, R. (2003): Kollegiale Fallberatung. Köln

Freud, S. (1992): Das Ich und das Es. Metapsychologische Schriften. Einl. v. Alex Holder. Frankfurt / Main

Freud, S. (1994a): Abriss der Psychoanalyse. Frankfurt / M.

Freud, S. (1994b): Schriften über Träume und Traumdeutungen. Frankfurt / M.

Geisselhart, R. R. / Hofmann, C. (2008): Stress ade. Die besten Entspannungstechniken. 4. Aufl. Freiburg

Geißler, K. A. (2006): Wart' mal schnell. Wie wir der Zeit ein Schnippchen schlagen. Freiburg

General Health Questionnaire (GHQ-12): Goldberg (1978, dt. Übersetzung Linden et al., 1996).

Göldner, H.-D. (2007): Schwierige Schüler – was tun? Ein Ratgeber für die Unterrichtspraxis. München

Gordon, T. (2006): Lehrer-Schüler-Konferenz: Wie man Konflikte in der Schule löst. München

Green, N. (2009): Kooperatives Lernen. www.learnline.nrw.de/angebote/greenline

Green, N. / Green K. (2007): Kooperatives Lernen im Klassenraum und im Kollegium. Das Trainingsbuch. 3. Aufl. Seelze

Grell, J. (2001): Techniken des Lehrerverhaltens. 15. Aufl. Weinheim / Basel

Greving, J. / Linser, H. J. / Paradies, L. (2007): Diagnostizieren, Fordern und Fördern. Berlin

Grinder, M. (2007): NLP für Lehrer. Ein praxisorientiertes Arbeitsbuch. 7. Aufl. Freiburg

Grochowiak, K. (2007): Das NLP Practitioner Handbuch. 3. Aufl. Paderborn

Grunder, H.-U. / Bohl, T. (2004): Neue Formen der Leistungsbeurteilung in den Sekundarstufen I und II. 2. Aufl. Baltmannsweiler

Gruschka, A. (2008): Präsentieren als neue Unterrichtsform. Die pädagogische Eigenlogik einer Methode. Leverkusen

Gudjons, H. (2003): Handbuch Gruppenunterricht. 2. Aufl. Weinheim

Gudjons, H. (2006): Neue Unterrichtskultur – veränderte Lehrerrolle. Bad Heilbrunn

Gugel, G. (2008): Methoden-Manual I und II „Neues Lernen". Weinheim

Heller, K. A. / Mönks, F. J. / Sternberg, R. J. (2000): International Handbook of Giftedness and Talent. Amsterdam

Helmke, A. (2009): Unterrichtsqualität und Lehrerprofessionalität. Seelze

Hempel, M. (2008): Störungsprävention. Nolting, Kounin & Co. In der Praxis. München

Henning, C. / Ehinger, W. (2006): Das Elterngespräch in der Schule: Von der Konfrontation zur Kooperation. 3. Aufl. München

Heyse, H. / Sieland, B. (2008): Lehrergesundheit als kollegiale Aufgabe. Für eine Kultur der Würdigung und Anerkennung. In: SchulVerwaltung spezial. Zeitschrift für Schulleitung und Schulaufsicht. 2/2008. Kronach, S. 4-7

Heyse, V. / Erpenbeck, J. (2007): Handbuch Kompetenzmessung. 2. Aufl. Düsseldorf

Heyse, V. / Erpenbeck, J. (2009): Kompetenztraining. 2. Aufl. Düsseldorf

Heyse, V. / Erpenbeck, J. (Hrsg.) (2007): Kompetenzmanagement: Methoden, Vorgehen, KODE(R) und KODE(R)X im Praxistest. Münster

Hillert, A. (2007): Das Anti-Burnout-Buch für Lehrer. 3. Aufl. München

Homberger, D. (2005): Lexikon Schulpraxis. 2. Aufl. Baltmannsweiler

Huber, A. (2004) (Hrsg.): Kooperatives Lernen – kein Problem. Leipzig u.a.

Jefferys-Duden, K. (2008): Das Streitschlichter-Programm. 3. Auf. Weinheim

Jugert, G. / Rehder, A. / Notz, P. / Petermann, F. (2007): Soziale Kompetenz für Jugendliche: Grundlagen, Training und Fortbildung. 5. Aufl. München

Jürgens, E. (2005): Leistung und Beurteilung in der Schule. 6. Aufl. St. Augustin

Jürgens, E. / Sacher, W. (2008): Leistungserziehung und pädagogische Diagnostik in der Schule. Stuttgart

Kaeding, P. / Richter, J. / Siebel, A. / Vogt, S. (Hrsg.) (2005): Mediation an Schulen verankern. Weinheim

Kaltwasser, V. (2008): Achtsamkeit in der Schule. Weinheim

Kempfert, G. / Rolff, H.-G. (2005): Qualität und Evaluation: Ein Leitfaden für Pädagogisches Qualitätsmanagement. 4. Aufl. Weinheim

Kliebisch, U. (2009): Stress verstehen und bewältigen. Hilfen für Lehrerinnen und Lehrer. In: Seminar. H 1

Kliebisch, U. (2009): Stress verstehen und bewältigen. In: Seminar 1

Kliebisch, U. / Basten, K. H. (1999): Konflikt- und Zeit-Management für Lehrerinnen und Lehrer. Baltmannsweiler

Kliebisch, U. / Basten, K. H. / Schmitz, P. (2001): Methodentrainer Sekundarstufe I. Berlin

Kliebisch, U. / Meloefski, R. (2009a): Evaluationen in Studienseminaren – Qualitätsmerkmale überprüfen. In: Seminar. H 1

Kliebisch, U. / Meloefski, R. (2009b): Lehrer*Alltag*. Pädagogik für die Praxis Band 2. 3. überarb. und erw. Aufl. Baltmannsweiler

Kliebisch, U. / Meloefski, R. (Hrsg.) (2009c): Lehrer*Gesundheit*. Anregungen für die Praxis. Baltmannsweiler

Kliebisch, U. / Meloefski, R. (2009d): Lehrer*Sein*. Pädagogik für die Praxis Band 1. 4. überarb. und erw. Aufl. Baltmannsweiler

Kliebisch, U. / Meloefski, R. (2009e): Lehrer*Sein*. Pädagogik für die Praxis Band 2. 4. überarb. und erw. Aufl. Baltmannsweiler

Kliebisch, U. / Schmitz, P. (2005): Besser beraten. Gespräche mit Eltern, Schülern und Kollegen. Lichtenau

Klippert, H. (2007a): Eigenverantwortliches Arben und Lernen. 5. Aufl. Weinheim

Klippert, H. (2007b): Kommunikations-Training. 11. Aufl. Weinheim

Klippert, H. (2007c): Lehrerentlastung. 3. Aufl. Weinheim

Klippert, H. (2007d): Methoden-Training. 17. Aufl. Weinheim

Klusmann, U. / Kunter, M. / Trautwein, U. / Lüdtke, O. / Baumert, J. (2008): Engagement and emotional exhaustion in teachers. Does the school context make a difference? In: Applied Psychology, 57, S. 127-151

KMK (2004): Standards für die Lehrerbildung: Bildungswissenschaften. URL: http://www.kmk.org/doc/beschl/standards_lehrerbildung.pdf

Knoblauch, J. / Wöltje, H. (2006): Zeitmanagement. Perfekt organisieren mit Zeitplaner und Handheld. 2. Aufl. Freiburg

Knoblauch, J. / Wöltje, H. (2008): Zeitmanagement. 3. Aufl. Freiburg

Kopietz, C. / Schäfer, R. (2006): Fit für die Streitschlichtung. Eine Ausbildung in 7 Bausteinen. Lichtenau

Kounin, J. S. (2006): Techniken der Klassenführung. Münster

Krause, A. / Philipp, A. / Bader, F. / Schüpbach, H. (2008): Emotionsregulation von Lehrkräften: Umgang mit Gefühlen als Teil der Arbeit. In: Krause, A. / Schüpbach, H. / Ulich, E. / Wülser, M.: Arbeitsort Schule. Organisations- und arbeitspsychologische Perspektiven. Wiesbaden. S. 309-334

Kretschmann, R. (2006): Stressmanagement für Lehrerinnen und Lehrer. Trainingsbuch. 2. Aufl. Weinheim

Lazarus, A. A. (2006): Innenbilder. Imagination in der Therapie und als Selbsthilfe. Stuttgart

Lazarus, R. S. (1999): Stress and Emotion. An New Synthesis. London

Lazarus, R. S. / Aldwin, C. M. (2000): Stress, Coping, and Development: An Integrative Perspective. New York

Lazarus, R. S. / Lazarus, B. N. (2006): Coping with Aging. Oxford

Leitl, J. (2006): Die Auswirkungen des Selbstkonstrukts auf die Beurteilung eigener Leistungen. Hamburg

LPM (2008) – Landesinstitut für Pädagogik und Medien. Bildungsstandards der KMK. http://www.lpm.uni-sb.de/lpm/aktuelles/2008-07/Bildungsstandards_KMK.pdf

Malik, F. (2006): Führen, Leisten, Leben. Wirksames Management für eine neue Zeit. München

Malti, T. / Perren, S. (Hrsg.) (2008): Soziale Kompetenz bei Kindern und Jugendlichen: Entwicklungsprozesse und Förderungsmöglichkeiten. Stuttgart

Meloefski, R. (2009): Zeit-Management und Gesundheit. In: Seminar. H 1

Meloefski, R. / Rennert, V. (2008): Portfolio in der Lehrerausbildung. In: Seminar H. 1

Mittelstädt, H. (2006): Evaluation von Unterricht und Schule: Strategien und Praxistipps. Für alle Schulstufen. Mülheim / Ruhr

Mohl, A. (2006): Der Zauberlehrling. Das NLP Lern- und Übungsbuch. 9. Aufl. Paderborn

Mönks, F. J. / Ypenburg (2005): Unser Kind ist hochbegabt: Ein Leitfaden für Eltern und Lehrer. 4. Aufl. München

MSW – Ministerium für Schule und Weiterbildung des Landes Nordrhein-Westfalen (Hrsg.) (2007a): Handreichung zur Bewertung und Dokumentation des Arbeits- und Sozialverhaltens. Düsseldorf [http://www.schulministerium.nrw.de/BP/Schulverwaltung/Schulmail/2007/070531/Handreichung.pdf]

MSW – Ministerium für Schule und Weiterbildung des Landes Nordrhein-Westfalen (Hrsg.) (2007b): Kernlehrplan Mathematik für das Gymnasium – Sekundarstufe I (G 8) in Nordrhein-Westfalen. Frechen

MSW NRW (2004): Rahmenvorgabe für den Vorbereitungsdienst in Studienseminar und Schule. RdErl – 423.6.05.07.03 Nr. 2984/04

MSW NRW (2007): Verordnung über die Ausbildung und die Abschlussprüfungen in der Sekundarstufe I. http://www.schulministerium.nrw.de/BP/Schulrecht/APOen

MSW NRW (2008): Schulgesetz für das Land Nordrhein-Westfalen (Schulgesetz NRW – SchulG). Vom 15. Februar 2005 (GV. NRW. S. 102) zuletzt geändert durch Gesetz vom 24. Juni 2008 (GV. NRW. S. 48

MSW NRW (2009a): Chancen NRW. Portal zur individuellen Förderung NRW. http://www.schulministerium.nrw.de/Chancen/index.html

MSW NRW (2009b): Curriculare Vorgaben. Standardsicherung. Kernlehrpläne G 8. http://www.standardsicherung.nrw.de/lehrplaene/kernlehrplaene-sek-i

Müller, E. (2006): Wenn der Wind über Traumwiesen weht. Die schönsten Phantasiereisen, Märchen und Meditationen. Frankfurt

Müller, F. (2006): Selbstständigkeit fördern und fordern. Weinheim

Mutzek, W. (2008): Methodenbuch Kooperative Beratung. Supervision, Teamberatung, Coaching, Mediation, Unterrichtsberatung, Klassenrat. Weinheim

Myschker, N. (2008): Verhaltensstörungen bei Kindern und Jugendlichen: Erscheinungsformen, Ursachen, Maßnahmen. 6. Aufl. Stuttgart

Neubauer, W. F. / Gampe, H. / Knapp, R. (2008): Schulische Konflikte bewältigen. Grundlagen und Praxisorientierungen. Neuwied

Nieskens, B. (2007): Ergebnisse der Gesundheitsforschung für Lehrkräfte und Schulen. In: Deutsche Angestellten Krankenkasse, Bundesverband der Unfallkassen, Gemeindeunfallversicherungsverband Westfalen-Lippe (Hrsg.): Lehrergesundheit – Baustein einer guten gesunden Schule. Impulse für eine gesundheitsfördernde Organisationsentwicklung. 2. Aufl. Hamburg.

Nolte, A. (2008): Der entspannte Lehrer. Entlastungsstrategien für den Schulalltag. In: Psychologie heute. H 12

Nolting, H. P. (2005): Lernfall Aggression. Wie sie entsteht – wie sie zu vermindern ist. Reinbek

Nuding, A. (2006): Beurteilen durch Beobachten. 2. Aufl. Baltmannsweiler

Obidzinski, P. (2008): Berufsbezogene Ängste bei Lehrern. Grundlagen, Ursachen, Bewältigungsmöglichkeiten. Saarbrücken

OECD (2004): Lernen für die Welt von morgen – erste Ergebnisse von Pisa 2003. Paris. OECD. URL: www.pisa.oecd.org/dataoecd/18/10/34022484.pdf

Oesterreich, R. (2008): Konstrukte und Methoden in der Forschung zur Lehrerbelastung. In: Krause, A. / Schüpbach / Ulich, E. / Wülser, M. (Hrsg.): Arbeits- und Organisationspsychologie für Schule und Unterricht. Wiesbaden. S. 47-74

Paradies, L. / Wester, F. / Greving, J. (2005): Leistungsmessung und Bewertung. Berlin

Peschel, F. (2006): Offener Unterricht. Band 1: Idee, Realität, Perspektive und ein praxiserprobtes Konzept zur Diskussion. Teil I: Allgemeindidaktische Überlegungen. 4. Aufl. Hohengehren

Petermann, U. (2007): Entspannungstechniken für Kinder und Jugendliche. Ein Praxisbuch. 5. Aufl. Weinheim

Piaget, J. (2003): Das Erwachen der Intelligenz beim Kinde. 5. Aufl. Stuttgart

Rahmenvorgabe für den Vorbereitungsdienst in Studienseminar und Schule (2004). RdErl. d. Ministeriums für Schule, Jugend und Kinder

Reichel, R. / Svoboda, U. (2008): Selbstverantwortung fördern. Lernprozesse begleiten und beraten. Linz

Riemann, F. (2006): Grundformen der Angst. Eine tiefenpsychologische Studie. 36. Aufl. München

Rogers, C. R. (1984): Lernen in Freiheit. Zur Bildungsreform in Schule und Universität. München

Rogers, C. R. (1989): Freiheit und Engagement. Personenzentriertes Lehren und Lernen. Frankfurt / M.

Rogers, C. R. (2004): Therapeut und Klient. 18. Aufl. Frankfurt

Rogers, C. R. (2005a): Die klientenorientierte Gesprächspsychotherapie. 17. Aufl. Frankfurt

Rogers, C. R. (2005b): Entwicklung der Persönlichkeit. Psychotherapie aus der Sicht eines Therapeuten. 15. Aufl. Stuttgart

Rogge, J.-U. (2008): Das neue Kinder brauchen Grenzen. Reinbek

Rost, D. H. (2008): Hochbegabte und hochleistende Jugendliche. Münster

Roth, I. / Reichle, B. (2008): Prosoziales Verhalten lernen. Weinheim

Rothland, M. / Terhart, E. (2007): Beruf: Lehrer – Arbeitsplatz: Schule. In: Rothland, M. (Hrsg.) (2007): Belastung und Beanspruchung im Lehrerberuf? Modelle, Befunde, Interventionen. Wiesbaden. S. 11-33

Rüedi, J. (2007): Disziplin in der Schule. Plädoyer für ein antinomisches Verständnis von Disziplin und Klassenführung. 3. Aufl. Bern

Sacher, W. (2004): Leistungen entwickeln, überprüfen und beurteilen. Bewährte und neue Wege für die Primar- und Sekundarstufe. Bad Heilbrunn

Saum-Aldehoff, T. (2007): Big Five: Sich selbst und andere erkennen. Düsseldorf

Schaarschmidt, U. (2005) (Hrsg.): Halbtagsjobber? Psychische Gesundheit im Lehrerberuf – Analyse eines veränderungsbedürftigen Zustandes. 2. Aufl. Weinheim

Schaarschmidt, U. (2009): Die Potsdamer Lehrerstudie im Überblick. In. Seminar. H 1

Schaarschmidt, U. / Kieschke, U. (Hrsg.) (2007): Gerüstet für den Schulalltag: Psychologische Unterstützungsangebote für Lehrerinnen und Lehrer. Weinheim

Schäfer, C. D. (2006): Wege zur Lösung von Unterrichtsstörungen. Jugendliche verstehen – Schule verändern. Hohengehren

Schlee, J. (2008): Kollegiale Beratung und Supervision für pädagogische Berufe. 2. Aufl. Stuttgart

Schmalenbach, J. (2009): Schülerselbstbeurteilung in die Praxis. Ein Plädoyer für Schülerorientierung – auch in der Beurteilung. In: Seminar H 1

Schnack, J. / Timmermann, U. (2008): Kernkompetenz Selbstständigkeit. In: PÄDAGOGIK H. 9/08. 6-9

Schnebel, S. (2007): Professionell beraten. Beratungskompetenz in der Schule. Weinheim

Schneewind, K. A. / Böhmert, B. (2008): Kinder im Grundschulalter kompetent erziehen. Der interaktive Elterncoach «Freiheit in Grenzen». Bern

Schulz v. Thun, F. (2006): Praxisberatung in Gruppen. 6. Aufl. Weinheim

Schulz v. Thun, F. (2008): Miteinander reden. Bd. 1-3. Reinbek

Schwarzer, C. / Posse, N. (2005): Beratung im Handlungsfeld Schule. In: Pädagogische Rundschau 59. H 59. 139ff.

Schweer, M. (2008b): Vertrauen im Klassenzimmer. In: Schweer, M. (Hrsg.). Lehrer-Schüler-Interaktion. Pädagogisch-psychologische Aspekte des Lehrens und Lernens in der Schule (völlig neu überarb. Auflage). Wiesbaden.

Schweer, M. (Hrsg.). (2008a): Lehrer-Schüler-Interaktion. Pädagogisch-psychologische Aspekte des Lehrens und Lernens in der Schule (völlig neu überarb. Auflage). Wiesbaden.

Seifert, J. W. (2007): Visualisieren – Präsentieren – Moderieren. 23. Aufl. Bremen

Seifert, J. W. (2008): Besprechungen erfolgreich moderieren. 11. Aufl. Bremen

Seiwert, L. J. (2005): Wenn du es eilig hast, gehe langsam. Mehr Zeit in einer beschleunigten Welt. Frankfurt / M.

Seiwert, L. J. (2006): Noch mehr Zeit für das Wesentliche. Zeitmanagement neu entdecken. München

Sekretariat der Ständigen Konferenz der Kultusminister der Länder in der Bundesrepublik Deutschland (2004): Standards für die Lehrerbildung: Bildungswissenschaften. Verfügbar unter: http://www.kmk.org/doc/beschl/standards_lehrerbildung.pdf

Seyle, H. (1990): Stress, mein Leben. Erinnerungen eines Forschers. Berlin

Seyler, K.-H. (2007): Bildungsstandards Deutsch / Mathematik 5./6. Klasse: Tests zur Leistungsfeststellung. Puchheim

Sharan, S. / Shachar, H. (1988): Language and Learning in the Cooperative Classroom. New York

Sieland, B. (2008a): Bedarfsorientierte Förderung der Gesundheit von Lehrerinnen und Lehrern. Übungen für Entwicklungsgruppen zur Diagnose und Förderung der eigenen Person, der Interaktion zwischen Lehrern und Schülern und der Interaktion mit Kolleginnen und Kollegen. In: Brägger, G. / Posse, N. / Israel, G. (Hrsg.): Bildung und Gesundheit. Argumente für eine gute und gesunde Schule. Mit Beiträgen von H.-G. Rolff; B. Sieland; K. Hurrelmann; B. Bucher u. a. Bern, S. 150-236

Sieland, B. (2008b): Lehrkräfte als Experten für die eigene Lern- und Emotionsarbeit. Pädagogisch-psychologische Aspekte des Lehrens und Lernens in der Schule. In: Schweer, M. K. W. (Hrsg.): Lehrer-Schüler-Interaktion. Wiesbaden. S. 101-126

Simon, W. (Hrsg.) (2006): Persönlichkeitsmodelle und Persönlichkeitstests: 15 Persönlichkeitsmodelle für Personalauswahl, Persönlichkeitsentwicklung, Training und Coaching.

Singer, K. (2008): Elternsprechtag – Wie beim Beichten? Anregungen für das Eltern-Lehrer-Gespräch. http://www.prof-kurt-singer.de/eltern3.htm [18.08.2008]

Sosnowsky, N. (2007): Burnout – Kritische Diskussion eines vielseitigen Phänomens. In: Rothland, M. (Hrsg.): Belastung und Beanspruchung im Lehrerberuf. Modelle – Befunde – Interventionen. Wiesbaden. S. 119-139

Spangler, G. (2005): Kollegiale Beratung. Heilsbronner Modell. Heilsbronner Modell zur Kollegialen Beratung. Nürnberg

Spork, P. (2004): Das Uhrwerk der Natur. Chronobiologie – Leben mit der Zeit. Reinbek

Stanford, G. / Schreiner, G. (2002): Gruppenentwicklung im Klassenraum und anderswo. Praktische Anleitung für Lehrer und Erzieher. 3. Aufl. Aachen

Stein, R. (2008): Grundwissen Verhaltensstörungen. Baltmannsweiler

Stiller, E. (2005): Das Lehrerbildungsportfolio als Instrument der professionellen Entwicklung. Verfügbar unter: www.univirtual.it/uteacher/downolad/issue_Stiller.doc

Stollreiter, M. (2006): Aufschieberitis dauerhaft kurieren. Wie Sie sich selbst führen und Zeit gewinnen. Landsberg

Tietze, K.-O. / Schulz v. Thun, F. (2003): Kollegiale Beratung. Reinbek

Trautmann, R. D. (2004): Verhaltenstherapie bei Persönlichkeitsstörungen und problematischen Persönlichkeitsstilen. Stuttgart

Trautwein, U. (2003): Schule und Selbstwert. Entwicklungsverlauf, Bedeutung von Kontextfaktoren und Effekte auf die Verhaltensebene. Münster u. a. 2003

Tries, J. (2008): Konflikt- und Verhandlungsmanagement: Konflikte konstruktiv nutzen. Berlin

Unruh, T. / Petersen, S. (2004): Guter Unterricht. Handwerkszeug für Unterrichtsprofis. Lichtenau

Walen, S. R. / DiGiuseppe, R. / Wessler, R. L. (2005): RET-Training. Eine Einführung in die Praxis der Rational-emotiven Therapie. Stuttgart

Watzlawick, P. (2007): Die Möglichkeit des Andersseins. Zur Technik der therapeutischen Kommunikation. 6. Aufl. Bern

Watzlawick, P. / Beavin, J. H. / Jackson, D. D. (2007): Menschliche Kommunikation. 11. Aufl. Bern / Stuttgart / Wien

Weber, M. (2003): Beratung bei Konflikten. Wirksame Intervention in Familie und Jugendhilfe. Weinheim

Wegener, B. (2007): Mediation – Herausforderung für Schule und Unterricht. München

Weidenmann, B. (2006): Gesprächs- und Vortragstechnik. Für alle Trainer, Lehrer, Kursleiter und Dozenten. 4. Aufl. Weinheim

Weinert, F. E. (Hrsg.) (2001): Leistungsmessung in Schulen. Weinheim und Basel

Wengert, H. G. (2008): Leistungsbeurteilung in der Schule. In: Bovet, G. /. Huwendiek, V. (Hrsg.): Leitfaden Schulpraxis. Pädagogik und Psychologie für den Lehrerberuf. 5. erw. u. überarb. Aufl. Berlin, S.324-349

Wiechmann, J. (Hrsg.) (2006): Zwölf Unterrichtsmethoden. Weinheim

Wild, E. / Gerber, J. / Krüger, H.-H: (2006): Einführung in die Pädagogische Psychologie. Stuttgart

Winkel, R. (2009): Der gestörte Unterricht: Diagnostische und therapeutische Möglichkeiten. 9. Aufl. Baltmannsweiler

Winkel, R. (2002): Die kritisch-kommunikative Didaktik. In: Gundjons, H. / Winkel, R.: Didaktische Theorien. Hamburg. 93-112

Winter, F. (2008): Leistungsbewertung. Eine neue Lernkultur braucht einen anderen Umgang mit Schülerleistungen. 3. unveränderte Aufl. Baltmannsweiler

Winterhoff, M. (2008): Warum unsere Kinder Tyrannen werden: Oder: Die Abschaffung der Kindheit. 7. Aufl. Gütersloh

Wollenweber, K. (o. J.): Unterrichtsstörungen. www.unterrichtsstoerungen.de

6.

Register

„Menschen zu helfen,
ihre selbstzerstörenden Philosophien und
irrationalen Annahmen loszuwerden,
ist ein Hauptziel des rational-emotiven
Therapeuten oder Erziehers."

(William J. Knaus)